Introducción

Si estás leyendo este libro es porque te interesa el mundo del turismo; en ese caso te diré que, afortunadamente, estás en el sitio correcto y en el momento adecuado, porque las cifras del turismo no hacen más que indicarnos la bonanza del sector.

El turismo representa aproximadamente el 10% del PIB mundial, genera uno de cada once puestos de trabajo y representa 1,5 billones en exportaciones, suponiendo un 30% de las exportaciones de servicios y representando el 6% del comercio internacional.

Como no podía ser de otra forma, a este sector también se le presentan algunos retos a los que hacer frente.

La gestión del talento; las personas son la materia prima del sector servicios, y mantenerlas motivadas es crucial para impulsar el crecimiento del sector, de ahí la importancia de este libro.

La mayor personalización y conexión hace que los viajeros estén cada vez más informados y sean más exigentes. Entre ellos la generación Milenial (nacidos entre el 1984 y 2000) que entienden que el buen servicio es lo más importante.

La inteligencia artificial, aunque no estamos aquí para hablar de robots mayordomo, que dudo que los veamos hasta pasados muchos años, sino de los datos, el Big Data que ayuda a mejorar el servicio, pues permite conocer muy bien al cliente a través de la información facilitada en los diferentes canales, lo cual permite una mayor personalización.

El aumento del cross-selling (venta cruzada) a través de la venta de productos complementarios para conseguir una experiencia más plena del cliente. Si H&M ya incluye comida en sus negocios, por qué en un hotel no se ofrecen palomitas, cursos de cocina en directo, clases de flamenco o talleres de reciclaje.

Los avances tecnológicos que han creado plataformas como Blablacar, homeaway y Airbnb seguirán proliferando. Por lo tanto será imprescindible un nuevo modelo legal que regule los nuevos players del mercado turístico.

Los movimientos políticos seguirán constituyendo un desafío para el turismo con sus consiguientes traspasos de flujos turísticos de un lugar a otro. De zonas asediadas por guerras o revueltas, a otros emplazamientos considerados seguros. Si bien el terrorismo ha demostrado no afectar en demasía a los turistas, que desgraciadamente, se han acostumbrado a estos desafortunados sucesos.

Las injerencias del clima con sus devastadores efectos tales como huracanes, terremotos y tormentas influyen a la hora de decidir el destino y las fechas de vacaciones, contribuyendo así a la estacionalidad. Por otra parte, cada vez más viajeros están dispuestos a pagar un poquito más porque el establecimiento sea sostenible, es decir, que no solo cuide del medio ambiente sino que también redistribuya los beneficios entre la comunidad local y preserve la identidad del lugar.

En definitiva, si queremos destacar en el escenario de la industria turística, con una entrada de nuevos talentos constante, un contexto cada vez más global y la competencia de los avances tecnológicos, es obligatorio estar preparados.

¿Por qué son necesarias las habilidades en turismo más que nunca?

Para lograr digerir todos estos cambios se necesitan altas dosis de inteligencia, si bien no para resolver ecuaciones matemáticas, sí inteligencia emocional que nos permita modelar nuestra personalidad, potenciar el autocontrol y garantizar una actitud abierta, flexible y relativista.

Cambiar significa adaptarse a una nueva situación, a la que muchas veces seremos capaces de aportar la experiencia acumulada en otros entornos distintos. Sin embargo, para su consecución serán imprescindibles habilidades como la comunicación, el liderazgo y la negociación.

En momentos complicados será crucial la actitud con la que nos enfrentamos. Nuestra actitud resultará constructiva o destructiva según nos ayude o no a resolver el problema.

Si nos adentramos en análisis de los índices de satisfacción, los atributos que los clientes valoran respecto de los empleados son intangibles. Rasgos como la simpatía, la amabilidad, la hospitalidad, la profesionalidad, el respeto cívico encabezan la lista. Si bien las habilidades como la iniciativa, la predisposición, la vocación de servicio, la empatía, la flexibilidad y la capacidad resolutiva son los más valorados por los empresarios de la industria turística.

Todos los atributos y habilidades se pueden mejorar y esa es la vocación de este libro.

Estas habilidades no son únicamente especificas del turismo, las habilidades más demandas por las *startup* son la motivación, la flexibilidad y la involucración, jerarquizadas por este orden.

Análisis del sector

"Cuando conectamos la educación con el turismo, estamos uniendo dos fuerzas que pueden hacer de este mundo un lugar mejor"
Taleb Rifai

Adentrémonos un poco más en los entresijos de las relaciones dentro de las empresas del sector turístico para conocer algunos condicionantes en cuanto a la organización del trabajo. En este relato observaremos que el discurso de los empresarios o de los trabajadores es diferente.

Todos ellos están de acuerdo en la obligatoriedad de diversificar los servicios para hacer frente a la estacionalidad, por ejemplo ofreciendo paseos en bici o rutas a caballo cuando no hay nieve o no hace sol.

Advertimos que existe una gran concentración empresarial provocada por el hecho de generar economías de escala. Si tengo hotel y me traen los grupos de visitantes en autobús desde el aeropuerto, porque ellos vienen de la China, porque no compro yo un autobús y les traigo yo, o mejor aún por qué no voy yo a buscarlos a China?... Así nacen los Turoperadores.

Otro factor concluyente es la flexibilidad y movilidad frente a la innovación y cambios en la demanda. Los principales grupos hoteleros son dueños de hoteles repartidos por todo el mundo, de manera que cuando se produce una fluctuación en la demanda, la empresa considerará que tu puesto también fluctúe hacia otra región o sección.

Sin olvidarnos desde luego de la importancia de la información continua para la especialización, que si vamos a buscar clientes a China, alguien tendrá que hablar mandarín (你好Nǐhǎo). La innovación pasa por implementaciones para adaptarse a su cultura: comida con palillos, habilitar pago con móvil o wearables. Por supuesto la cultura empresarial será diferente, empezando por la imagen corporativa, el uniforme, por ejemplo, será rojo, que a los chinos les gusta mucho y el negro o blanco allí dan mala suerte.

Todos estos cambios se pueden producir y es necesario estar preparado. A continuación enumeraremos algunos retos a los que se enfrenta el sector.

La mano de obra cualificada, sí, ya sé que no hace falta ser ingeniero aeronáutico para servir una caña pero sí unos ciertos conocimientos técnicos y sobre todo habilidades. Por no hablar de las constantes implementaciones tecnológicas existentes, como una tablet que te informa de los ingredientes de todos los platos, habitaciones domóticas o la realidad aumentada.

Existen otros dos condicionantes que van de la mano: las condiciones de trabajo y la calidad en el servicio. Nadie puede pensar que tendrá un trabajador motivado y sonriente cuando hace más horas de las que cree que le corresponden y encima se siente mal pagado. Es imperativo que se corrija la situación de la plantilla si se quiere dar un servicio óptimo al cliente. Al fin y al cabo el trabajador es la parte visible de la empresa y su sonrisa garantiza la imagen de éxito de esta.

El desarrollo sostenible y la protección del medio ambiente suponen un reto para toda la humanidad, más aún para el turismo, cuando se nutre principalmente de él, qué haría sin playas, bosques, praderas, montañas y simpáticos animalitos que ver. Además, si la especie humana no sobrevive no tendríamos clientes; bueno, tampoco existiríamos.

Para sortear estos obstáculos se han de potenciar políticas de formación continua dentro de la empresa que recojan todos y cada uno estos ámbitos.

Respecto a cómo se organiza el trabajo dentro del sector turístico, encontramos algunas nociones comunes a la mayor parte de las empresas.

La movilidad y la flexibilidad están íntimamente relacionadas con factores como las horas extra, los horarios flexibles y el empleo a tiempo parcial. La flexibilidad también es una característica crucial para las empresas para responder a cambios en la demanda por medio de adopción de innovaciones y cualificación. Por ejemplo, que los clientes quieren apartamentos en vez de hoteles, pues se los proporcionamos pero con un servicio añadido de conserje, y les ofrecemos la de posibilidad comer en el restaurante, por un módico suplemento nos encargamos de la limpieza diaria del espacio, o nos encargamos de llevarle la compra.

Si nos ponemos en la piel de los trabajadores y escuchamos su discurso encontramos la temporalidad como modo de iniciarse en el sector, quién no empezó con ese trabajo de verano en el bar/hotel. También critican el escaso reconocimiento material, es decir, los bajos sueldos. No obstante hacen hincapié en dos aspectos coincidentes con los empresarios pero desde otro punto de vista: la flexibilidad y la formación.

La flexibilidad sobre todo temporal en función de las necesidades de la demanda, lo que implica horarios, fiestas, extras... que conllevan unas dificultades personales o familiares a la hora de conciliar vida personal y profesional.

La flexibilidad funcional o polivalencia en varios puestos de trabajo también incrementa las posibilidades de promoción, existiendo mayores expectativas de promoción en grandes empresas y mediante la movilidad geográfica, encontrándonos con mayores opciones para mejorar profesionalmente si rotamos de puesto o cambiamos de ubicación geográfica.

La formación debido a la gran complejidad de las tareas, que necesitan de organización y planificación como claves de calidad y para eliminar la incertidumbre, como por ejemplo saber cuál es la plantilla mínima que necesitas para cubrir el servicio de cena en el restaurante o el número de camareras del piso exacto para limpiar todas las habitaciones.

Para concluir, vamos a plantear la idea de la cualificación de un empleado desde el punto de vista de los empresarios.

Para los empresarios conviven dos valores importantes, el valor de la experiencia y el valor de la formación, ya que los empresarios admiten que los trabajadores con mayor nivel de formación se adaptan más fácilmente a los cambios y transformaciones que se producen en el mercado y son más hábiles para asumir los cambios impuestos por la introducción de las nuevas tecnologías, lo que viene a traducirse en más flexibilidad.

El "buen trabajador", en el relato de los empresarios, demuestra interés en el trabajo y responsabilidad, además de capacidad y deseo de adquirir el Know-how. Consideran que es una persona innovadora, con capacidad de comunicación, que incluye el conocimiento de idiomas y el don de gentes. Asumen que conoce las secciones y equipamiento de la empresa, así como todos los servicios que la empresa ofrece al cliente, y posee la capacidad para ponerlos a su disposición. Y, por supuesto, quieren que te pongas la camiseta del equipo de la empresa, es decir, que te identifiques con la política de la empresa y les seas fiel y no te vayas.

Resumen del capítulo

- Capacidad de comunicación: conocimiento de idiomas y don de gentes
- Flexibilidad
- Conocimiento del sector Turismo
- Adaptación interpersonal e intergeneracional
- Movilidad
- Rotación y coordinación de puestos de trabajo

Las habilidades para un buen profesional del turismo

"V=(C+H)*A. Los Conocimientos (C) y las Habilidades (H) son elementos
fundamentales de la formula, pero es la Actitud (A), la manera de ser,
lo que multiplica y nos hace grandes"
Victor Küppers

Durante varias décadas han sido muchos los profesionales del sector que han intentado descifrar, cuáles son las habilidades clave para un buen profesional del sector. La lista es tan larga como una carta a los reyes magos de un niño de 5 años. No obstante en un notable número de características coinciden. A lo largo del capítulo desgranaremos los, conocimientos, aptitudes y actitudes relevantes para los expertos. Descubrirás sus destacadas el "top ten", y en el libro dispondrás herramientas para entrenarlas.

Por un momento, hagamos un ejercicio de imaginación. Nosotros somos los turistas, los visitantes de un destino o ciudad. Nota como se acumulan un montón de sensaciones emoción, excitación, nerviosismo, inseguridad, etc. Aquí entran el juego los profesionales del sector, aquellos que no solo prestan el servicio convenido sino que acompañan al viajero ofreciéndole las mejores alternativas posibles, personalizadas para su situación.

Reflexionando como nos gustaría que nos trataran a nosotros, quizá nos vengan a la cabeza palabras relacionadas con la voluntad, ayuda, empatía, extroversión, profesional solvente, es decir, que nos resuelva la más mínima circunstancia; desde imprimirnos un documento, darnos un abrazo, o respondernos a preguntas cómo "¿En qué fuente de la ciudad sale el agua a 48º?". Si os apetece conocer más anécdotas de este estilo os recomiendo el grupo de Facebook, "El recepcionista no es tu puto GPS" donde profesionales de la hostelería nos comparten sus experiencias más curiosas y divertidas.

Profundicemos aún más en nuestra carta a los reyes magos, esperamos de esta persona que sea comunicativa, que nos escuche, que nos entienda y nos proporcione una solución creativa, por que las peticiones son variopintas. Además la respuesta ha de ser rápida y resolver nuestros requerimientos. Esto supone una gran capacidad de resolución e incluso improvisación, porque en nuestro día a día hay; cancelaciones de vuelos, turistas que tienen costumbres extrañas o simplemente imprevistos, no contemplados.

Por supuesto, la recepcionista no puede parecer estresada. Al turista le da igual la carga de trabajo que tenga, o el gran volumen de tareas diversas a las que se enfrenta. Entre las que se encuentran coordinar al servicio de habitaciones, vender una excursión guiada a un grupo de extranjeros o gestionar las reservas del hotel. Él está de vacaciones y el ambiente ha de ser relajado, armónico y un compendio de paz y amor.

Un magnífico ejemplo de este profesional, lo encontramos en la película "Cita a ciegas con la vida". En ella, un invidente, con muchísima vocación y motivación, consigue finalizar con éxito un programa de formación para directivos. Tras pasar no sin muchas dificultades por todos los departamentos del hotel.

Antiguamente el sector del turismo era considerado un sector con mano de obra de baja calificación, pero los recientes estudios corroboran que un destino prospera tanto como aumentan los salarios de personal que trabaja en el sector del turismo en ese lugar. Esto nos induce a pensar que la realidad se ha transformado.

Nos encontramos con un sector que mueve según datos de la OMT 1,4 billones de dólares y representa el 10%del PIB mundial, crea 1 de cada 10 puestos de trabajo, y se prevén 1800 millones de desplazamientos en 2030. A pesar de esta bonanza, el sector se enfrenta a numerosos retos; como la enorme competitividad de la económica colaborativa, en especial Airbnb, la sostenibilidad y el desarrollo tecnológico.

Ahora vamos a desempolvar un estudio realizado en Brasil, en hoteles de lujo y súper lujo pero que puede traspasarse a cualquier establecimiento que desee ofrecer un servicio de calidad. Es precisamente este factor, el que nos permite diferenciarnos e impacta no solamente en nuestro negocio sino también en todo el destino en general. Una experiencia nefasta en el hotel o restaurante deslucirá el recuerdo de unas vacaciones maravillosas en Roma.

Empecemos definiendo el concepto que nos ocupa: Competencia.

La competencia es una combinación de recursos tales como saber-hacer-ser. Así el conocimiento es el "saber", englobando todo lo que se aprende en la universidad y los libros. La habilidad es el "saber hacer" sería a aplicación de esos conocimientos a las acciones realizadas en el trabajo en el día a día. La actitud es lo que hace que las personas ejerciten las habilidades de un determinado conocimiento, el "querer hacer". De esa forma "saber" y "saber hacer" son las competencias técnicas que pueden ser estudiadas. Mientras que el "querer hacer" constituye las competencias de un comportamiento innato al individuo, pero que pueden ser mejoradas o perfeccionadas.

En este libro se contemplan el "saber y el saber hacer" pero especialmente el "querer hacer" siempre es voluntad de la persona, y requiere la implicación de la persona. Dispondrás de herramientas de apoyo en todos los capítulos. A medida que las apliques en tu día a día conseguirás unos hábitos que transformaran tu carácter. De esta manera te convertirás en un gran profesional impulsando tu carrera de manera exponencial, *porque los conocimientos suman, pero la actitud multiplica".*

Competencias para profesionales del turismo

Los profesionales del área del turismo han de presentar un conocimiento multidisciplinar. Ser una persona competente, no significa sólo poseer cierto nivel de conocimientos sobre un tema o tarea, sino también saber usar estos de forma inteligente, en pro de un desarrollo personal, colectivo y organizacional.

En realidad son muchas las áreas de competencia en relevantes para la gestión del sector. Por una lado tenemos las habilidades como el dominio de idiomas, la gestión de actividades de ocio, la sensibilidad hacia al medio ambiente, etc. Aunque a los trabajadores frecuentemente se les exigen habilidades eficacia, facilidad de aprendizaje, equilibrio emocional, responsabilidad sobre su propio ser y aptitud para el trabajo en equipo.

Parece existir un acuerdo sobre que las competencias estan compuestas de dos dimensiones; las técnicas y las genéricas.

Las competencias técnicas se refieren a poseer conocimientos sobre un tema y aplicarlos al trabajo. Algunas de estas competencias técnicas son comunes a todos los trabajadores del hotel, por ejemplo las TIC (Tecnologías de la información), la gestión financiera, conocimiento de marketing, análisis del mercado, gestión de la calidad y habilidad para trabajar en equipo.

Las competencias genéricas se refieren a las características de la personalidad; la flexibilidad, la gestión emocional, la capacidad de resolución, la motivación, entre otras, que son las que trabajamos en este libro. Las competencias genéricas están divididas en 3 apartados: "ser capaz de hacer" (auto-eficacia), "saber cómo comportarse" (auto-control y relaciones interpersonales) y "querer hacer" (pro actividad) que permitirán lidiar con los diversos tipos de situaciones y tareas técnicas.

Para ilustrar las competencias que priman, examinamos un estudio realizado en Brasil. En él se registraron como importantes un total de 15 competencias técnicas y 21 competencias genéricas.

A modo de resumen aclarar que en el estudio participaron directores, de complejos hoteleros lujo, de distinto género y edad. Para dirimir que competencias eran determinantes y su grado de importancia, se les presento una selección de 50 competencias; 19 de ellas técnicas y 31 genéricas. Ellos mediante una encuesta respondían a cada competencia clasificándola como, "sin importancia", "poca importancia", "importante", "muy importante "o "Imprescindible".

¿Te atreves a adivinar que competencias fueron las más valoradas? A estas alturas de los que ya podrás hacerte una idea. No obstante te adjunto la tabla resumen final para que extraigas tus propias conclusiones.

Tabla de competencias

Variables	Evaluación de importancia (%) (1) poco (5) imprescindible					
	1	2	3	4	5	Media
Que le guste lo que hace	0	0	0	10	90	4,9
Saber comunicarse eficientemente	0	0	0	10	90	4,9
Ser ético y difundir la ética y la postura profesional	0	0	0	20	80	4,8
Equilibrio emocional en la toma de decisiones	0	0	0	20	80	4,8
Eficiencia y eficacia en el cumplimiento de los objetivos y metas	0	0	0	30	70	4,7
Saber prestar servicios de calidad	0	0	0	30	70	4,7
Tener espíritu de liderazgo	0	0	0	30	70	4,7
Saber lidiar con situaciones conflictivas, siendo capaz de mantener la eficiencia bajo presión	0	0	10	20	70	4,6
Autoconfianza en su capacidad para alcanzar los objetivos del empleo	0	0	0	50	50	4,5
Ser paciente y respetar a las personas	0	0	0	50	50	4,5
Habilidad para trabajar en equipo	0	0	0	50	50	4,5
Tener iniciativa	0	0	0	50	50	4,5
Capacidad para administrar el tiempo con eficiencia	0	0	0	60	40	4,4
Tener disposición y elevado grado de compromiso con la profesión	0	0	0	60	40	4,4
Tener capacidad de adaptarse a los cambios	0	0	0	60	40	4,4
Ser responsable de sus actos y decisiones	0	0	0	60	40	4,4
Saber lidiar con las personas y las relaciones interpersonales	0	0	0	60	40	4,4
Poseer razonamiento lógico para analizar y diagnosticar situación	0	0	0	70	30	4,3
Ser dinámico y saber tomar decisiones con dinamismo	0	0	0	70	30	4,3
Estar siempre actualizándose a través de lecturas de temas dirigidos al sector	0	0	0	70	30	4,3
Aplicar técnicas básicas de motivación del personal	0	0	10	60	30	4,2
Ser determinado	0	0	10	60	30	4,2

Habilidad de persuasión	0	0	10	70	20	4,1
Tener espíritu emprendedor	0	0	10	70	20	4,1
Innovar, ser creativo y visionario	0	0	30	50	20	3,9
Tener una amplia formación cultural	0	0	30	50	20	3,9
Buscar constantemente nuevas oportunidades	0	0	30	50	20	3,9
Saber utilizar las nuevas tecnologías y equipamientos	0	10	20	50	20	3,8
Sentido crítico	0	100	20	50	20	3,8
Consciencia de detalles y atención para patrones de calidad	0	0	40	50	10	3,7
Cuestionarse continuamente	0	10	50	30	10	3,4

Resumen del capítulo

Decálogo de las habilidades más demandadas:

- Haz algo que te guste hacer/ Que le guste lo que hace.
- Aprende a comunicarse / Saber comunicarse eficientemente.
- Actúa de la mejor manera posible, encada situación se sabe casi siempre cuál es la opción buena/ Ser ético y difundir la ética y la postura profesional.
- Controla tus emociones/ Equilibrio emocional en la toma de decisiones.
- Oriéntate a resultados/ Eficiencia y eficacia en el cumplimiento de los objetivos y metas.
- Do it your best/Saber prestar servicios de calidad.
- Conviértete en un líder/Tener espíritu de liderazgo.
- Controla tu estrés/ Saber lidiar con situaciones conflictivas, siendo capaz de mantener.
- Aprende.
- Confía en ti /Autoconfianza en su capacidad para alcanzar los objetivos del empleo.

La flexibilidad

"Para la persona flexible no existen barreras en la comunicación y en las relaciones. Su adaptación es tan natural que nunca parecerá extraño en los ambientes más diversos, sin exponer su persona a influencias negativas o poco recomendables"
Anónimo

En el primer capítulo analizamos la situación laboral tanto desde la perspectiva de los empresarios como de los trabajadores, pudiendo comprobar cómo esta habilidad es primordial para ambos. Siendo esta habilidad imprescindible para adaptarse a los cambios, que se producen en un entorno cada vez más rápido.

A partir de ahora focalizaremos toda nuestra atención en vislumbrar: ¿qué es la flexibilidad?, sus facetas y las herramientas de que disponemos para alcanzarla.

Un sinónimo de ser flexible seria doblarse fácilmente sin partirse. El opuesto es rompernos cuando las circunstancias o las personas a nuestro alrededor nos desafían.

A lo largo de los tiempos muchos sabios han reflexionado sobre la flexibilidad:

¿Quién no ha escuchado aquello de *"ser flexible como el bambú"*, *"como el agua"* o *"como un junco"*? Durante una tormenta el bambú se mueve y dobla, pero al final de la misma recupera su posición. No es dócil, simplemente es flexible.

Lao Tse dijo que *"lo duro y lo rígido son propiedades de la muerte"* mientras que *"lo blando y flexible son propiedades de la vida"*. *El gran libro del TAO.*

Bruce Lee lo resumió todo diciendo: "Be water, my friend" o "Sé agua, amigo".

Cada uno sentimos la flexibilidad de una manera, pero está claro lo que no es ser flexible: es perder el control, ser rígido, quedar vulnerable ante los humores de los demás, permanecer aprisionado en mis circunstancias o sentirme angustiado.

Ser flexible no significa ser sumiso o dócil. Al contrario, es una destreza que nos permite desarrollarnos a pesar de los acontecimientos.

¿Qué es ser flexible?

- Me adapto a los cambios.
- Acepto los imprevistos.
- Comprendo que hay situaciones inesperadas.
- Analizo las alternativas y las posibilidades.
- Me puedo equivocar y cometer errores.

Existen diferentes tipos de flexibilidad: la física, la mental, la emocional la financiera, etc. La física es la más conocida, tiene que ver con el cuerpo. Por otra parte, la mental es la relacionada con la capacidad de pensar de maneras diferentes. La emocional atañe a nuestra tolerancia a los demás. Y la económica o financiera no es más que un balance entre nuestros ingresos y gastos.

La flexibilidad mental

Conseguir ser más flexibles mentalmente implica aumentar nuestra capacidad de enfrentar nuevas ideas o paradigmas que desafíen lo que sabemos o pensamos. O dicho de otra forma, es la habilidad para solucionar problemas y generar alternativas, que además es una garantía de equilibrio mental y afrontamiento de situaciones cotidianas. Esta competencia se encuentra influenciada por nuestro estado de ánimo, pero se puede entrenar para lograr adaptarse a circunstancias, presiones y dificultades. Por lo tanto, es conveniente identificar nuestro estado de ánimo para determinar cómo fluyen nuestros pensamientos.

Con un estado anímico positivo, nuestra capacidad de pensar es más flexible y creativa. También se favorece nuestra concentración y facilita que la memoria encuentre soluciones positivas. Este estado favorece la búsqueda de información, la revisión y la reconsideración de las posturas. En consecuencia ya no las admitimos sin más y nos permitimos dudar de nosotros sin entrar en crisis. Por consiguiente nos posibilita aceptar mejor la crítica y el error, propio o ajeno.

Sin embargo, con un estado de ánimo negativo entramos en un bucle de pensamientos repetitivos; asimismo, tendemos a repetir patrones de comportamiento relacionados con estos pensamientos, los cuales frecuentemente nos conducen a errores. En este estado aumenta nuestro estrés, baja nuestra tolerancia a la frustración, padecemos angustia por no tener el control y sentimos miedo a cometer errores, lo que dificulta nuestra toma de decisiones, llegando incluso a notar rigidez física.

En un mundo en constante evolución, cada vez se nos exigen soluciones más creativas a los problemas. Por este motivo, no podemos dejarnos arrastrar por los pensamientos circulares y negativos. Para alcanzar un estado de flexibilidad mental es preciso establecer un plan que nos permita salir del bucle de pensamientos obsesivos, y adaptar nuestro comportamiento acorde a nuestras condiciones y contextos.

¿Qué puedo hacer yo para ser más flexible?

Practica el descentramiento; desarrolla la capacidad para adoptar perspectiva, es decir, ¿Cómo pensaría otra persona en tu lugar? ¿Cómo pensaría tu pareja? o tu mejor amigo o la persona más positiva que conozcas. Te puede ayudar hablar con esa persona o, si no es posible, escribir una carta como si fuéramos un amigo lejano que nos cuenta el problema e intentamos darle consejo para resolverlo.

No anticipes; no tenemos la certeza de lo que va a pasar. Así que lo más útil que podemos hacer es centrarnos en las consecuencias presentes en cada situación.

Sepárate de tus emociones; piensa antes de abordar una situación. ¿Estás hablando tú? ¿O es tu miedo o tu rabia quien ha tomado el control? Cualquier herramienta para gestionar emociones te servirá, pero recuerda que la rabia hay que desahogarla, el miedo hay que enfrentarlo, la alegría se comparte, la tristeza es necesario consolarla y el amor requiere ser correspondido. Una vez que estés sereno tomarás mejores decisiones.

Modifica conductas y emplazamientos de la casa; la rutina es enemiga de la flexibilidad. Acostumbrarse a la disposición los objetos y muebles de la misma manera nos instala en la rigidez e intolerancia. Cambia tu camino al trabajo, tus horarios, y busca nuevas formas de proceder, mueve los cuadros...etc.

Apúntate a un curso de cualquier disciplina; idiomas, pintura, guitarra..., no se trata de mejorar nuestra empleabilidad ni de obtener un título, sino de sacarnos de nuestro espacio de seguridad y, al adentrarnos en ambientes diferentes, no solo aprenderemos sino que pensaremos de forma diferente.

Diviértete sal de la rutina. Todas estas herramientas constituyen ensayos para nuestro cerebro, con el objetivo de forzarlo a salir de su espacio de seguridad y estabilidad, comúnmente llamado zona de confort.

La flexibilidad precisa un esfuerzo diario y continuo. En el trayecto se permiten errores y salidas del camino. Sin embargo es condición sine qua non regresar a la senda para avanzar.

La flexibilidad emocional

La flexibilidad a nivel emocional empieza por la tolerancia. Ser más tolerante empieza por darnos cuenta de que podemos ser más comprensivos con las personas. Conseguirlo conlleva el cultivo de una serie de habilidades como la escucha activa, la comunicación asertiva y la relación ganar-ganar.

Un breve entrenamiento incluiría acceder a escuchar al otro, expresar nuestra opinión tranquilamente aunque no estemos de acuerdo, y buscar siempre la mejor solución para las dos partes.

Aumentar la **escucha activa** implica emplearse a fondo en cada conversación y poner el foco en comprender al otro; ¿Por qué me está diciendo esto? ¿Cuáles son sus circunstancias actuales? ¿Tiene algún problema o sentimiento que yo desconozco?

La asertividad es un modelo de relación interpersonal que consiste en conocer los propios derechos y defenderlos, respetando a los demás; tiene como premisa fundamental que toda persona posee derechos básicos o derechos asertivos.

No existe una "personalidad innata" asertiva o no asertiva, la conducta asertiva se aprende por imitación y refuerzo, es decir, se compone de lo que se nos ha transmitido como modelos de comportamiento, ya sea en nuestro núcleo familiar, escolar o laboral.

Mantenga en mente que hay un momento y una forma adecuados para realizar cada actividad, y la mejor manera de hacerlo consiste en ser asertivo, ésta es la clave para lograr el éxito.

El estado emocional también influye en la respuesta que se pueda dar en un momento concreto. Una alta carga de estrés puede provocar una conducta excesivamente **agresiva o pasiva**, generando en ocasiones mayor ansiedad debido al rechazo que la propia respuesta provoca en los demás.

Por último, la idea del "win-win", buscar la mejor opción para ambas partes, se basa en la forma adecuada de negociar, es "ganar-ganar o no hay trato". Esta idea se origina en el libro "Los 7 hábitos de las personas efectivas", de Stephen R. Covey. *Las relaciones con otros serán mejores en la medida en que seamos conscientes de nuestra propia independencia. Si yo sé que puedo valerme por mí mismo, soy independiente a nivel emocional, económico y físico, no tengo por qué aceptar un trato en el cual la relación sea perder-ganar, o ganar-perder.*

En resumen, para concluir con la flexibilidad emocional podemos afirmar que siguiendo las siguientes pautas seremos más tolerantes:

- No necesito imponerme ni tengo por qué dejar que otro se me imponga.
- En cambio, soy flexible para buscar terceras alternativas y maneras de hacer las cosas con las que ambos nos sintamos realizados.
- El saber que en cualquier momento podemos decir "no hay trato" nos hace flexibles, dinámicos y agradables al trabajar con otros.

La flexibilidad física

Se refiere a aquella propiedad del cuerpo de alongar los músculos. Sí, estarás pensando cómo me va a ayudar esto, pues muy sencillo. En nuestro día a día estamos sometidos a estrés y malas posturas, que se reflejan en nuestro cuerpo causándonos múltiples tensiones musculares. Te lo creas o no, existe una poderosa conexión entre nuestro cuerpo y nuestra mente, o lo que es lo mismo, si yo consigo relajar mi cuerpo también relajaré mi mente y viceversa.

Ser flexibles físicamente conecta con nuestra capacidad de hacer ejercicio y mantenernos en forma. Del mismo modo ayuda a prevenir lesiones y aumentar nuestras energías en el día a día.

Los ejercicios de estiramientos ayudarán a que tu espalda sea flexible y tus piernas aumenten su agilidad. Aunque estirar unos minutos pueda parecer poco, pronto notarás que todo el cuerpo se fortalece. A causa del conjunto de beneficios, ganarás confianza y te sentirás más relajado

En consecuencia, estirarte antes de dormir te hará descansar mejor; sin embargo, si lo haces por la mañana activarás tus músculos para preparase para un plácido día. Elige el momento del día que resulte más adecuado para ti. Prueba a combinarlo con tu práctica deportiva favorita, por ejemplo después de caminar o correr, y observarás grandes resultados. Créeme, solo 10 minutos de estiramientos y transformarás tu estado físico y mental.

Igualmente puedes utilizar otras herramientas como la meditación o las relajaciones guiadas para conseguir un mayor estado de bienestar. Más adelante hablaremos de ellas como herramienta para gestionar el estrés.

La flexibilidad financiera

Esta capacidad tiene que ver con nuestro balance entre nuestros ingresos y gastos. Si estamos al límite en nuestras finanzas, o si estamos endeudados, ¿Cómo podemos ser flexibles? Estaremos al borde de una crisis ante cualquier variación en nuestros ingresos o gastos. En consecuencia, no tomaremos decisiones con libertad, pensando en aquello que nos hace felices o es mejor para nosotros, al contrario, pensaremos exclusivamente en nuestra supervivencia. En cambio, si tenemos un colchón financiero para sostenernos al menos un año, nuestras decisiones comenzarán a ser estratégicas, es decir, a largo plazo. Por consiguiente, repercutirá en nuestra valoración de las situaciones. Ya no sufriremos por no aceptar un trabajo que no nos gusta, o no tendremos miedo de que nuestro jefe nos despida si nos equivocamos. Gracias a nuestros ahorros sabremos que podremos sobrevivir al menos durante un año sin que lo fundamental nos falte.

Nuestro cerebro rectílico está diseñado para tomar decisiones acerca de nuestra supervivencia, y lleva haciéndolo desde el inicio de los tiempos, pero está en nuestra mano poder controlarlo con el cerebro límbico, mucho más avanzado.

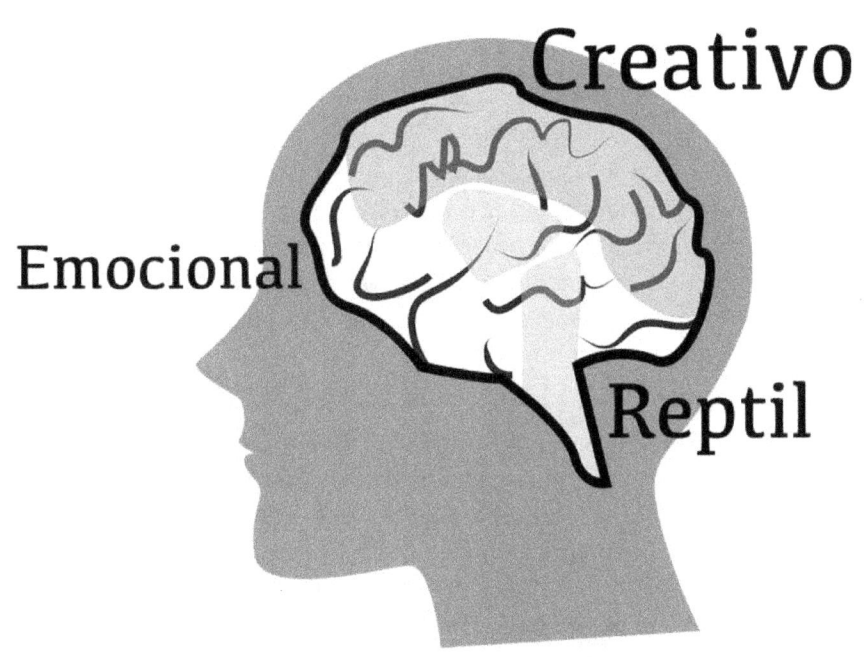

Córtex o creativo: Constituye las cinco sextas partes del cerebro humano. Es la parte externa de nuestro cerebro, y tiene aproximadamente el tamaño de una página de periódico arrugada. La neocorteza fabrica el lenguaje, incluyendo posible el habla y la escritura. Hace posible el pensamiento lógico y formal y nos permite mirar hacia adelante y planear el futuro.

Límbico o emocional: El segundo cerebro en evolucionar, alberga los centros primarios de la emoción, incluye la amígdala, que es importante en la asociación de los acontecimientos, y el hipocampo, que se activa para convertir la información en la memoria a largo plazo y en la recuperación de la memoria. El uso repetido de las redes nervios especializadas en el hipocampo aumenta la memoria de almacenamiento.

Reptílico o instintivo: Su objetivo esta está estrechamente relacionado con la supervivencia física real y el mantenimiento del cuerpo. El cerebro dirige el movimiento. La digestión, reproducción, circulación, respiración, y la ejecución de la respuesta "lucha o huida" al estrés, se aloja en el tronco encefálico. Dado que el cerebro reptiliano se refiere principalmente a la supervivencia física, las conductas que regula tienen mucho en común con los comportamientos de supervivencia.

No existe una única manera de conseguir la independencia financiera, es decir, aprender a generar aire o espacio entre nuestros ingresos y gastos. Te propongo tres vías o alternativas para que comiences por la que prefieras.

La primera vía es ganar consciencia acerca de las cantidades exactas de nuestros movimientos. Desarrollar un documento donde anotes tus transacciones te ayudará a ganar constancia de por dónde se va tu dinero. Con el resultado podrás tomar medidas para reajustar tu situación ya sea a través del ahorro o la generación de nuevos ingresos. No solo habrás de realizarlo sino también ser constante, elige la manera que te funciona mejor, semanal o mensualmente.

La segunda vía implica profundizar en nuestra capacidad de generar ingresos sin dinero o conseguir nuevas fuentes de ingresos. Dentro de la primera podemos ver qué soluciones encontramos para solventar situaciones que implican un desembolso, por ejemplo los intercambios, como dar clases de idiomas a cambio de que alguien te corte el pelo. Existen organizaciones como el Banco del tiempo, que se encargan de ello, pero en internet encontrarás posibilidades casi para cualquier opción. Respecto a la parte de conseguir nuevos ingresos, las posibilidades hoy en día a través de las redes son infinitas. Tan solo has de averiguar qué es aquello que se te da bien y puede tener un valor en el mercado.

La tercera vía para aumentar rápidamente nuestra flexibilidad financiera es el minimalismo, o el aprender a vivir con lo esencial. El balance económico te habrá ayudado a saber cuáles son tus fugas de capital, adivinar qué es imprescindible, y a diferenciar aquello que maximiza tu felicidad de lo que es superfluo. Si aún no has hecho el balance, no lo ves claro, o necesitas profundizar más, te propongo otro ejercicio transformador:

Haz un ayuno de dinero, sí, lo que oyes. Durante un mes o una semana, lo que tú decidas, no podrás utilizar la moneda como intercambio. Previamente, provéete de lo imprescindible y después haz tu vida sin llevar dinero en la cartera durante el tiempo establecido. Comprobarás que siempre hay opciones para conseguir lo que quieres, y no me refiero a apropiarse de lo ajeno, por supuesto. Un ejemplo podría ser darte cuenta de que no tienes nada para desayunar y, en vez de salir corriendo a comprar, preparar un desayuno casero y creativo con lo que tienes en casa. O bien cuestionarte si necesitas realmente esa bolsa para llevar los libros o puedes utilizar una de tela que ya tienes en casa. No significa que lo tengas que hacer para siempre, recuerda que es un reto temporal, pero te hará ganar consciencia y creatividad. Te lo creas o no, grandes empresarios y fortunas de todo mundo practican el minimalismo de manera habitual o por periodos en su vida. ¿Por qué? Porque te da LIBERTAD, te permite poder tomar decisiones arriesgadas, tu cerebro sabe que pase lo que pase podrá sobrevivir, y eso contrarresta el miedo.

Contenido extra para tu vida

Prepárate para el entrenamiento seleccionado con el tipo de flexibilidad con la que prefieras comenzar, todas ellas están relacionadas, así que escoge aquella que más te apetezca o sientas más necesaria. En poco tiempo apreciarás una mejoría no solo en esa área sino en toda la flexibilidad en su conjunto. No te demores más, prueba con una de ellas este mismo mes. No es aconsejable hacerlas todas a la vez, pues el cerebro se colapsa; además se necesitan 21 días para consolidar un hábito. Mi consejo es que empieces por una de ellas este mes y el próximo mes apliques otra.

Te resultará mucho más fácil si compartes el reto con algún compañero. Así que búscate un partner, que también desee mejorar su flexibilidad, y compartid vuestros avances. Ya sabes el dicho "Si quieres ir rápido vete solo, si quieres ir lejos, mejor busca compañía".

Otro truco muy efectivo es comunicar lo que estás emprendiendo, como en alcohólicos anónimos, comunica tu objetivo, de esta manera aumentarás tu grado de compromiso. Así, las personas a las que les comentes que estás tratando de entrenarte te preguntarán cómo te va. También es útil cuando te enfrentes a una conversación delicada y le puedas decir a la otra persona que estás mejorando tu flexibilidad emocional, y que en cada propuesta siempre buscas una opción ganar-ganar.

Resumen del capítulo

- Para flexibilidad mental: Lee material variado, e incorpora actividades desafiantes en tu día a día.
- Para flexibilidad financiera: empieza a simplificar tus cosas y desarrolla tu capacidad de generar negocios utilizando tus talentos y pasiones.
- Para flexibilidad física: camina algunos minutos y estira luego.
- Para la flexibilidad emocional: escucha activamente y convierte en un hábito el abordar siempre las conversaciones con un paradigma de "ganar-ganar o no hay trato".
- Procura que tu primer impulso no sea dar un sí o un no como respuesta. Escucha, observa, medita y actúa
- Habla cuando sea necesario, o calla si las circunstancias lo requieren.
- Aprende a dejar una conversación en el momento oportuno.
- Trata a cada persona según su peculiar forma de ser, lo cual se traduce en respeto.
- Rectifica cada vez que sea preciso tus opiniones o actitudes. Corregir los errores, pedir perdón o aclarar la equivocación en nuestro juicio demuestra sencillez y rectitud de intención.
- Respeta las reglas o normas que imperan en los distintos lugares.

La capacidad resolutiva

La capacidad resolutiva es una de esas habilidades claves para ejercer el liderazgo, muy demandadas para directivos en el mundo empresarial. Sin embargo, también es fundamental para el sector turístico en el que nos movemos.

Una posible definición sería "la capacidad que te permite buscar soluciones a un conflicto, centrándose en ellas, en lugar de en el problema". En aras de conseguir ese objetivo es primordial dar esquinazo a miedos, inseguridades y falta de confianza, puesto que boicotearán toda nuestra resolución.

Una persona resolutiva es exactamente lo opuesto a una persona pasiva, que mantiene una actitud menos ágil. Además, por lo general demuestra una mayor capacidad para seguir órdenes en lugar de tomar decisiones o iniciativas.

Vamos a poner un ejemplo: si te duele la cabeza, una persona resolutiva irá corriendo a buscarte una farmacia, te aplicará una técnica para frenar el dolor o te enviará al médico. Sin embargo, una persona pasiva te mirará con pena o impotencia o te ofrecerá un "que te mejores". Si bien esta opción puede ser muy educada, será nuestro último recurso cuando no hay otra salida.

En este punto nos conviene reflexionar, ¿qué postura preferirá nuestra cliente? o nuestro jefe en última instancia.

Las empresas demandan un solucionador de problemas. Cabe destacar que un problema no es algo peyorativo, es   simplemente lo que separa la situación actual de la deseada. Nuestra capacidad resolutiva por tanto se mide en las situaciones no esperadas o poco habituales.

Veamos ahora qué características tiene un "Problem Solving" o solucionador de problemas, figura que los clientes esperan de nosotros:

- Sabe reconocer el obstáculo con facilidad con la finalidad de eliminarlo.
- Analiza la causa del problema para informar a quienes deban estar al tanto del mismo.
- Investiga el panorama con la intención de buscar la manera de solucionar el conflicto de la forma más asertiva posible.
- Tras evaluar las diferentes posibilidades para resolverlo, llega la fase más complicada: hay que escoger una opción. Este momento implica riesgo y requiere ideas creativas e innovadoras.
- El último paso es implementar la solución, asignando responsabilidades al equipo y aceptando los imprevistos que puedan surgir, sobre todo si no se ha identificado bien la correcta raíz del problema.

Estas son las características de una persona resolutiva. Por lo general este tipo de personas destacan del resto. No obstante, es apropiado repetir que cualquiera puede aprender esta habilidad, que no solo sirve para aplicarla en el ámbito profesional sino que también se traslada a la vida personal.

Ahora analizaremos un caso real para que te pongas en circunstancias y pienses como lo hubieras gestionado tú.

Caso Isabel

Consideremos un grupo de una agencia de viajes en el hotel, cuya guía nos pregunta si la cena que tenían programada para las 20:30 sería posible cambiarla para las 20:00. En tu reloj marcan las 19:40. Tú, como recepcionista, no tienes ninguna notificación de que algún grupo cene esta noche. Confirmas con la cafetería, con una sonrisa, si hay algún grupo que tenga cena esta noche, a lo que te responden que no saben de qué estás hablando. La guía nota tu nerviosismo y te pregunta ¿qué pasa?

Los grupos de agencia de viajes normalmente se alojan en los hoteles en regímenes alimenticios que comprenden solamente alojamiento y desayuno.

No obstante, en algunos casos el grupo puede haber contratado régimen de media pensión, que generalmente incluye el desayuno y la cena. En la mayoría de estos casos las bebidas no están incluidas, teniendo el cliente que pagarlas de su bolsillo.

Aplica toda tu capacidad resolutiva para resolver el caso.

Resolución del caso

El problema radica en que hay un grupo que en teoría tiene que cenar, pero no estamos informados. Como añadido tienes a la guía delante de ti, que precisa una respuesta a su petición.

Para analizar el problema, en primer lugar te has de asegurar, ¿de quién es el error? ¿de la agencia o del hotel? La respuesta será muy diferente, ya que si fue la agencia quien no comunicó el régimen alimenticio de manera correcta, el asunto está resuelto. Cordialmente les ayudarás en lo que esté en tu mano para que puedan cenar, pero no es tu responsabilidad. Si por el contrario el malentendido se ha producido entre los departamentos del hotel, la cosa cambia, ya que existe un compromiso por parte del hotel de ofrecer ese servicio de cena. Supongamos que ésta es la situación. Nos encontramos con el inconveniente añadido de que no solo no tenemos las materias primas para ofrecer ese menú, sino que tampoco nos será posible abastecernos.

Investigando las posibles vías para resolver la situación, se nos presentan varias opciones:

- La existencia de otro tipo de aprovisionamientos para facilitarle una cena digna al grupo.
- Ofrecerle la cena en un restaurante de nuestra confianza que sea cercano.
- Pedir un catering y servirlo en el hotel de la manera más rápida posible, pues disponemos de una hora.

Todas estas opciones las habremos de compartir con las personas/departamentos implicados para obtener la información oportuna.

Es vital que intentemos solucionar el conflicto de la manera más asertiva posible, poniéndonos en el lugar de las personas implicadas, haciéndoles entender la situación y buscando lograr un ganar-ganar. En este caso las partes implicadas son: en primer lugar los cocineros, a los que les supondrá un esfuerzo y estrés extra y en segundo lugar el grupo de viajeros afectado.

Una vez evaluadas las opciones, escogeremos una. Imaginemos que el hotel dispone de un remanente de género, aunque no sea el pactado con el grupo, y decide ofrecérselo. Llegamos a la parte de ideas creativas para compensar al grupo y calmar los ánimos; "Lo cortés no quita lo valiente" y será menester disculparse. Como el menú no es el pactado, una posible compensación sería ofertarle las bebidas gratuitas. También podemos agasajar al grupo con un coctel de bienvenida, mejor no alcohólico, mientras esperan la hora de la cena. De esta manera, a modo de gesto de paz, se sentirán atendidos y percibirán que estamos haciendo todo lo posible por garantizar su bienestar.

El último paso es implementar la solución elegida (cena improvisada en el restaurante pero a la hora prevista). Asignar responsabilidades (tanto a cocineros como camareros para que preparen todo) y aceptar los imprevistos añadidos que puedan surgir (enfados de la guía, de la agencia, descontento del grupo, etc.). Como extra añadido, buscar al responsable del departamento que no comunicó correctamente la cena para averiguar el motivo del error y asegurarnos de que no volverá a suceder.

En tu solución, ¿habías pensado algo así? No es la única solución, casi cualquier idea es válida siempre que la respuesta no sea un NO al cliente.

Resumen del capítulo

Consejos para profesionales:

- Sed rápidos, que no huelan nuestro miedo.
- Si no sabes algo, ofrécete para consultarlo, invítale a relajarse, subir a la habitación o a dar un paseo mientras tú contrastas la información.
- Tu intención es darle la mejor respuesta posible, por lo que verificarla nunca hará nunca quedes mal delante de un cliente.
- Ofrece siempre tu mejor sonrisa, ayuda a calmar los ánimos.
- Recuerda que siempre puedes alejarte de su vista, con cualquier excusa, para consultar la documentación necesaria sin levantar sus sospechas e incrementar su preocupación.
- Es importante saber transmitir paz y tranquilidad a nuestros huéspedes, ellos están de vacaciones.

Contenido extra para tu vida

- Stephen Covey en su libro *"Los siete hábitos de la gente altamente efectiva"* explica la **proactividad** como la capacidad de actuar de dentro hacia fuera. Significa tomar la iniciativa y la responsabilidad de las cosas que sucedan.
- Las personas proactivas piensan: *"Cambio primero yo para lograr los cambios en mi entorno"*.
- Las personas reactivas actúan de forma inversa, suelen pensar *"El problema está allí afuera y tengo que vivir con esto"*, se conforman, y piensan que no puede hacer nada para cambiar las cosas, se resignan.
- Proverbio oriental: *"Si tu mal tiene remedio ¿por qué te quejas? Y si no lo tiene ¿por qué te quejas?"*

La comunicación

"La comunicación sirve para influir en las personas; los mensajes comunicativos, al ser un estímulo, buscan provocar una conducta deseada en el receptor"
Aristóteles

La comunicación es básica para conectar con tus clientes y ofrecerles la mejor opción. No se trata necesariamente de ser una persona extrovertida; sino de ser capaz de ofrecer unas directrices claras y concisas acerca de las cuestiones planteadas. Saber hablar y saber escuchar es una exigencia para cualquier profesional de la industria turística. La actividad profesional requerirá dominar los diferentes componentes de lenguaje que existen; lenguaje verbal, no verbal, paralingüística, proxémica, estilos de comunicación, etc.

En la mayoría de ocasiones será necesario aplicar técnicas de asertividad y manejar los diferentes estilos de comunicación que nos encontremos; pasivo, agresivo, asertivo. Para ello necesitamos aprender a conectar con el otro y ser capaces cambiar nuestro estado de ánimo.

Pues es que la comunicación abarca prácticamente todo; la mirada, la sonrisa, la postura, la apariencia personal, la voz, la velocidad, los silencios, las muletillas, la cortesía, los turnos de palabras; los silencios, tomar y ceder la palabra. Espero que no pensaras que comunicación eran solamente nuestras palabras. O si es así lamento decepcionarte porque ya solamente el 65% de la comunicación lo compone el lenguaje no verbal.

¿Cuántos tipos de comunicación reconoces en esta imagen?

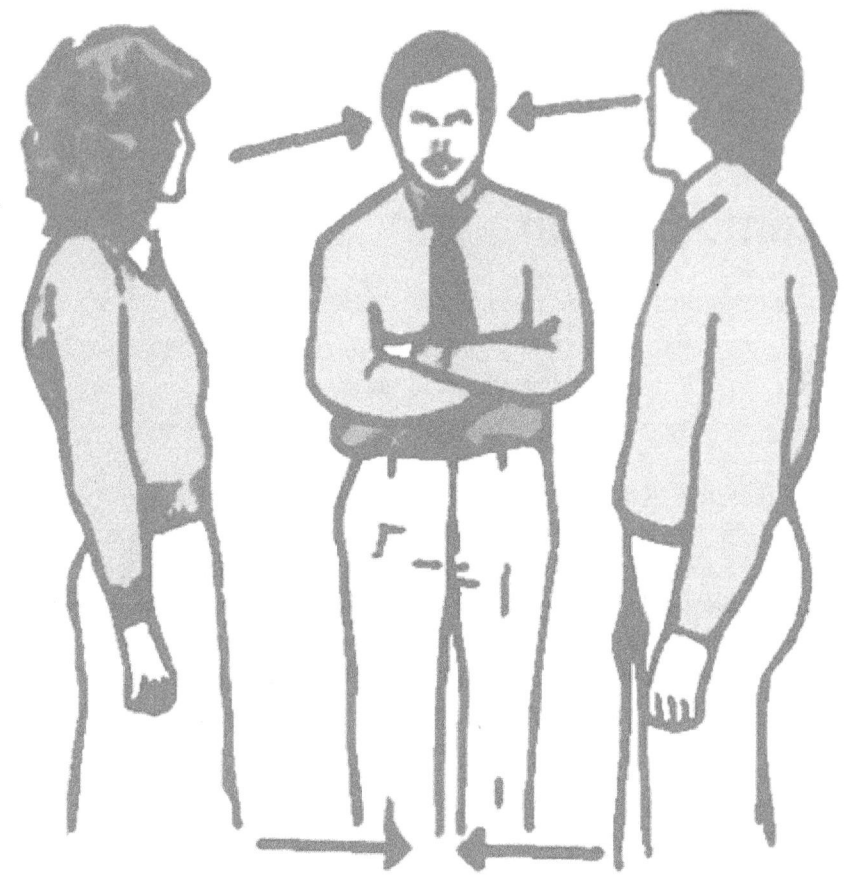

La comunicación verbal

A la hora preparar un discurso o de mantener una conversación hemos de reconocer que existe una gran ley de comunicación. Está probado que los interlocutores no son capaces de retener más de dos ideas principales a la vez. Más allá de esto se desconciertan y sólo se interesan en los detalles y anécdotas.

La ley del embudo, que nos manifiesta cómo decrece la información, desde lo que se quiere decir a lo que realmente se dice por parte del emisor. Con este gráfico ilustra la forma decreciente del contenido que se realmente se escucha, lo que realmente se comprende y lo que finalmente se retiene.

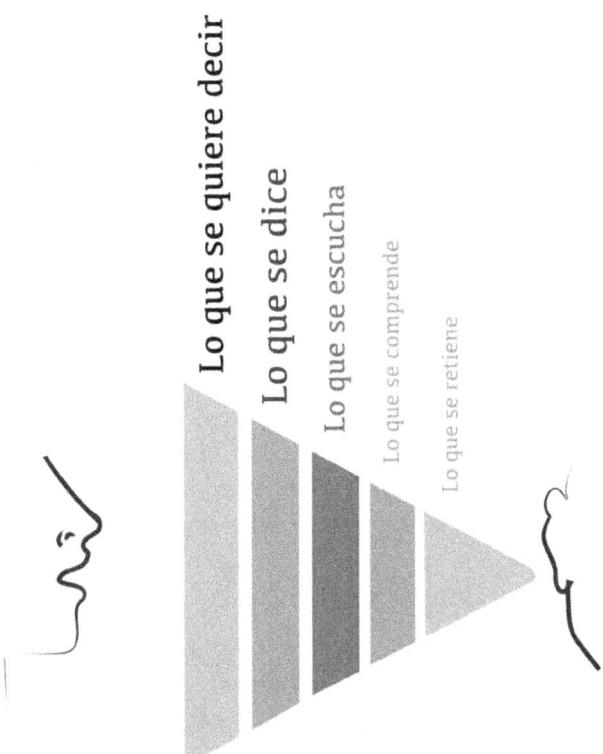

Lo que se quiere decir
Lo que se dice
Lo que se escucha
Lo que se comprende
Lo que se retiene

Otras consideraciones respecto de la comunicación verbal.

En primer lugar, hemos de ser conscientes de que el significado de las palabras reside en el uso que le otorga la comunidad. De ahí la necesidad de considerar el sentido que las palabras tienen para el emisor según la cultura y sociedad. (Por ejemplo: Guagua significa autobús en Canarias, telares son trastos en León...).

En segundo lugar, las palabras tienen acepciones múltiples en función de cada situación. (Por ejemplo Banco/banco, como entidad financiera o como asiento).

En tercer lugar, el lenguaje es autorreflexivo, siempre podemos decir más acerca de cualquier cosa, llegando incluso a enmascarar el mensaje de tal forma que ya nada tenga que ver con el principio, diluyendo u omitiendo lo primordial. Por esta razón es aconsejable seguir en método KISS (Keepit Simple Sweety).

El mundo es producto de la persona que lo percibe y de la forma en que se percibe. Cada percepción es producto de experiencias anteriores, preocupaciones y motivaciones. Por lo tanto una palabra, una idea o una comparación pueden desarrollar una cadena de asociaciones que facilitan o dificultan la comunicación. Por ejemplo, yo puedo asociar el curri con algo agradable o desagradable en relación a mis experiencias con él.

La abstracción es el proceso por el cual se ignoran ciertos detalles para fijar la tención solo en alguno de ellos, puesto que la capacidad perceptiva es limitada o lo que viene a ser centrarse en lo importante.

La comunicación no verbal

La comunicación no solo se produce a través de la palabra, sino que también de la imagen y los gestos, ya que el hombre envía constantemente mensajes, aunque no tenga conciencia de ello o aunque voluntariamente no quiera comunicarse de esta forma.

Para que el receptor escuche, comprenda y acepte el mensaje, el emisor puede acompañar su voz de gestos ilustren el discurso. Una postura estática con los brazos cruzados, con las manos en los bolsillos o con los brazos colgando trasmite pasividad, aburrimiento... y peor si las manos están escondidas bajo la mesa (por que uno se pregunta que estará tramando). No hay nada más lamentable que darse cuenta que quien habla está crispado, tenso o con falta de confianza en sí mismo. Por ello es totalmente aconsejable mantenerse cómodo y relajado.

Para percatarnos de la importancia solo hace falta observar la importancia que el FBI, los espías o los investigadores policiales dan a esta tipo de comunicación. En la web encontraremos multitud de libros y manuales con los que estos colectivos son adiestrados.

Existen pues diferentes elementos, actitudes y conductas fundamentales como emisores de mensajes:

- Los gestos corporales del rostro, las manos, los brazos y el cuerpo.
- El paralenguaje: El tono, la voz, el volumen, el ritmo, la cortesía y el acento.
- El comportamiento prosémica las zonas de contacto, es decir lo que nos acercamos a otras personas.

Los gestos corporales

Los gestos son señales enviadas que requieren dos condiciones: En primer lugar que sean captados por alguien ajeno y en segundo lugar que comuniquen una información. Los gestos acompañan a las palabras reafirmándolas o dándoles nuevos matices, y para ello usamos distintas partes del cuerpo.

Las manos y los brazos

Pueden utilizarse para dar cuerpo y espacio a las ideas expresadas. Por eso es necesario que sigan el ritmo de la frase y sus pausas. Se usan incluso hablando por teléfono.

Formar un cero con los dedos dará idea de que se es muy preciso. Cuando se dirigen los dedos hacia la cara, como cogiendo aire se busca precisión. Si se coge el aire como con fuerza, se proyecta determinación.

El golpe al vacío mostrará agresividad. Evitar usarlo.

Hay otro gesto que pretende una superioridad desafiante: cuando los pulgares asoman los bolsillos. Si se habla con alguien de esta manera, intentar convencerlo será difícil porque esta postura no es nada receptiva.

Las manos extendidas hacia delante y los brazos extendidos indica "Quisiera que me comprendieran", "acépteme", "por favor". Se trata de una postura que busca entendimiento, muy utilizada por los políticos.

Las manos posicionadas de lado y abiertas hacia delante, indican que se está abriendo camino, dando ideas con veracidad y sin ocultación.

Hay otro gesto clásico. Cuando una persona habla o escucha con los dedos una mano formando una ojiva, nos está diciendo con la mejor de sus sonrisas "Háblame, cuéntame lo que te pasa". De esta forma, la persona que lo hace adopta un cierto aire de entendido, como si ya supiera lo que se le está diciendo.

Otro gesto que indica relax, superioridad y dominio del espacio es la seguridad del paseante con las manos en la espalda. Si uno de los brazos coge por detrás al otro que esa con el puño cerrado, señala una fuerte agresividad contenida.

Cuando se ponen las manos sobre los hombros de otra persona de la que se espera que haga algo, implica una actitud de agradecimiento. Por otro lado cuando se pone una mano en el hombro de una persona y a la vez se le da la mano, la actitud es condescendencia, manifestada comúnmente en los funerales.

También se utilizan los brazos y manos para proteger y establecer barreras, puesto que confieren un territorio de seguridad en situaciones y estados de desconfianza. Un gesto muy claro es el de los brazos cruzados, si además las manos están cerradas con fuerza significa que la persona está sosteniendo una batalla con su tensión y su agresividad.

Ante una situación de inseguridad las manos se entrelazan, con las palmas hacia dentro, evidenciando esta inseguridad y disgusto.

Cuando se habla con alguien buscando que comprometa a algo y esta persona no quiere, a menudo se observa como una mano coge el dedo de la otra en actitud de inestabilidad, o puede que con una mano se rasque la palma de la otra comunicando que no se siente cómodo para decidir. Interceptar e interpretar estos gestos será vital para negociar.

Las piernas:

Si bien resulta más difícil observar sus movimientos y el recorrido de los mimos es menor; no por ello dejan de expresar.

Si las piernas están cruzadas y tensas, se manifiesta una situación de incomunicación o cierre total ante el mensaje que sea.

Si alguien está sentado y se rasca las piernas, o las agita, esa persona esta incomoda y desea irse. Lo mismo ocurre si sus piernas cruzadas señalas la puerta en vez de a su interlocutor.

La dirección de los pies refleja el interés de una persona, es decir que es lo que capta su atención. Observa como posiciona sus temas en función de quién habla o del tema que se propone y "sabrás de que pie cojea". No solo es sabiduría popular, yo misma lo he comprobado.

El paralenguaje

El paralenguaje el conjunto de elementos no verbales de la voz. Hace referencia a cuestiones tales como el volumen, la velocidad, el ritmo o la entonación, la cortesía, la dicción, y el acento, entre otros.

El volumen expresa la emotividad del hablante. Una voz puede ser suave puede indicar timidez o inseguridad. Sin embargo una voz regular o fuerte da señales de seguridad, dominio o autoridad.

Según sea el tono cariñoso o enfadado, la entonación o el ritmo pueden denotar enfado, impaciencia, nerviosismo e inseguridad.

La cortesía constituye un lenguaje convencional que se superpone al mensaje para dale mayor eficacia e influir persuasivamente al receptor. Algunos ejemplos son: ofrecer un "salud" cuando otra persona estornuda, pedir disculpas o por favor.

El ritmo es el orden acompasado de las palabras y los silencios. Un ritmo lento nos da la idea de pasividad; demasiadas intermitencias revelan falta de interés o nerviosismo y obstaculizan la comprensión del mensaje.

Respecto a la dicción, una pronunciación incorrecta no solo puede afectar a la comprensión del mensaje, sino que además revela un bajo nivel cultural del hablante.

Respecto del acento está demostrado que nos parecen más confiables las personas sin acento, independiente de donde proceda este.

Existen algunas técnicas que nos permiten establecer vínculos de confianza con nuestros clientes o incluso disminuir el estrés.

Los rasgos asociados a esta técnica denominada inmediatez verbal incluyen la autorevelación, el humor, el tono, la referencia a rasgos positivos o la búsqueda de similitudes con el otro. Las principales señales no verbales asociadas a la inmediatez incluyen la escucha empática, la migración facial, la sonrisa, la orientación de la mirada, la apariencia física y el tacto.

La proxémica o distancia interpersonal

La proxémica es el estudio de la proximidad y alejamiento entre personas y objetos durante las interacciones. Esta disciplina nos muestra que hablar con una persona parado de frente a ella puede parecer lo más normal. Pero, en algunas culturas, la posición más aceptada es estar en un ángulo de 90 grados. Lo mismo sucede con saludar dando besos o con la mano. Estas prácticas que los hispanos utilizan constantemente son demasiado intensas para culturas como la nipona. Ellos prefieren evitar el contacto físico y se saludan con una inclinación de cabeza.

Cada cultura establece unos tipos de contactos diferentes, distinguiendo así entre culturas de alto y de bajo impacto según la distancia entre la que interactúan.

Estas diferencias culturales también están presentes en el espacio. La configuración del espacio se puede dividir en 3: espacio fijo, el semifijo y el persona o informal.

El **fijo** son las estructuras inamovibles que marcan la distancia. Las más reconocidas son las disposiciones que tienen en sus casas, la estructura de las familias, la composición de las ciudades o los árboles que podemos encontrar dentro de la cuidad. Todos estos aspectos determinan las distancias que mantenemos con otras personas.

El **espacio semifijo** es aquel en el que los objetos no limitan el movimiento ya que se pueden mover: las puertas abiertas o cerradas, las sillas cómodas o incomodas o las mesas redondas que favorecen la conversación.

El **espacio personal o informal es** el que está alrededor de nuestro cuerpo. Mientras que las culturas nórdicas tienden a ser distantes, las mediterráneas, latinas y tropicales son muy cercanas. Las culturas cercanas usan más el contacto físico y las distancias entre las personas son muy cortas.

La distancia en la proxémica

El espacio personal da lugar a la distancia. La distancia que mantenemos contras personas va a depender, además de nuestra cultural, de la relación que tengamos. Teniendo esto en cuenta, surgen 4 tipos de distancias:

Distancia íntima: Esta distancia se da en las relaciones estrechas, en el amor, pero también con la familia y con los amigos cercanos. Aunque con estos últimos la distancia íntima se produce en una fase lejana. La distancia íntima es una invasión del espacio personal, por ellos no todo el mundo la acepta.

Distancia personal: El contacto con esta distancia se da sin invadir el espacio personal. Se usa con gente cercana, con personas a las que conocernos. Cuando conversamos con alguien. Aunque varía entre culturas, este espacio suele ser lo largo de un brazo.

Distancia social: Es la distancia que mantenemos con los extraños. Lo utilizamos con personas sin relación de amistad. Con los que no existe una cercanía emocional. También la usamos cuando estamos conociendo a una persona o en reuniones de trabajo.

Distancia pública: Ésta es una distancia de 3,5 metros. Es la distancia ideal para dirigirse a un grupo de personas. La distancia hace que el tono de voz sea alto y la usamos en conferencias y charlas.

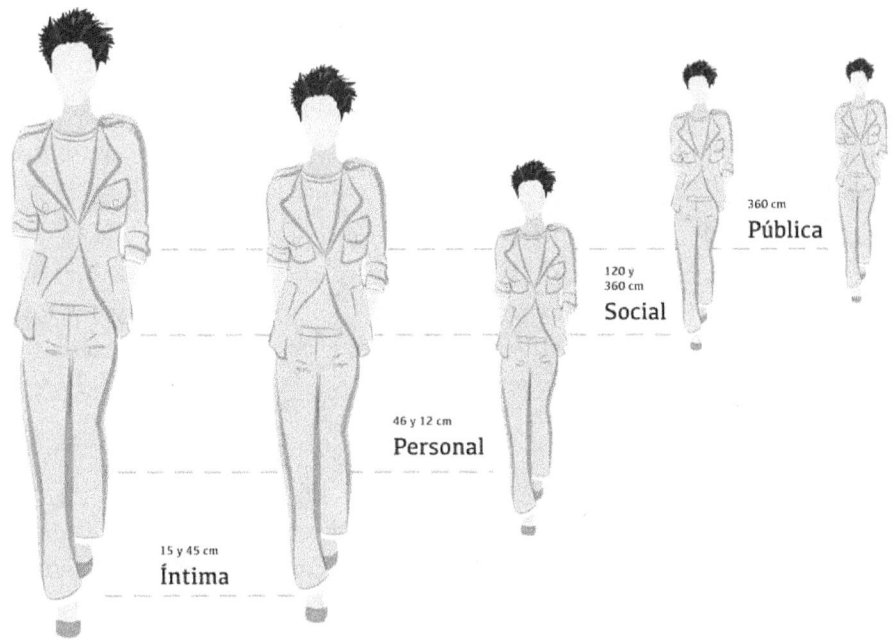

360 cm
Pública

120 y
360 cm
Social

46 y 12 cm
Personal

15 y 45 cm
Íntima

Claves de la proxemia para gestionar el espacio personal

Existen ciertas pautas proxémicas para gestionar tu espacio personal. Observar estas recomendaciones te dará mucha información para preservar tu propio espacio y respetar el de tus clientes.

Crear una barrera a través del lenguaje corporal: emplear objetos cotidianos para lograr la distancia proxémica, tales y como un bolso, una carpeta, una taza de café o el teléfono móvil para conseguir unos centímetros de distancia con el interlocutor. Cuanto más cerca esté la barrera de separación de la zona del pecho y los hombros, más marcada estará la distancia.

Optar por una posición corporal ladeada: Si una persona invade en exceso el espacio personal, en lugar de hablar cara a cara, intenta posicionarte de forma ligeramente ladeada, con un pie marcando una diagonal. Así, estarás dando el brazo y el hombro a tu interlocutor y pautarás una distancia de precaución que evitará que se acerque más allá de tu comodidad personal.

Evitar la mirada fija: En sitios atestados de gente, como el bus o el metro, la manera de comunicar a la otra persona que si invadimos su espacio lo estamos haciendo de forma involuntaria es no mirándola. Hay que tener en cuenta que la proxemia pauta que en las distancias muy cortas, las miradas fijas consiguen llegar a un territorio muy íntimo.

Apostar por la distracción: Las distracciones son un recurso efectivo como excusa para moverte y poder ganar espacio personal. Fingiendo buscar el móvil o el PC, usar un pañuelo, toser o cualquier otra acción de ese tipo podrás ganas unos centímetros de distancia

Como has podido comprobar, la proxemia es fundamental a nivel social, personal y en el ámbito de tu trabajo, por lo que es fundamental que adaptes la distancia que mantienes con el resto según tu trato de confianza y el contexto en el que te encuentres.

Barreras a la comunicación

Quizás, nunca lo pensamos, pero al comunicarse dos personas ocurren muchas cosas. En lo más simple y cotidiano, la comunicación mutua, ósea, se compone en preguntas, respuestas, explicaciones, y aclaraciones.

Una simple conversación implica tantos factores, que las personas pueden tener problemas para entender, sobre todo si el tema era complejo o, existen distracciones, o cualquier otro agente que altere una comunicación fluida. A estos elementos distorsionantes se les conocen como barreras a la comunicación.

Existen tres tipos de categorías, que se presentan como barreras en una comunicación efectiva:

Ambientales

Son las que nos rodean, son impersonales, y tienen un efecto negativo en la comunicación; abarcan desde la incomodidad física (calor en la sala, una silla incomoda...) las distracciones visuales, las interrupciones, hasta los ruidos (timbre, teléfono, alguien con tos, ruidos de construcción.)

Verbales

Son las pertenecientes a la forma de hablar. A modo de ejemplo; personas que hablan muy rápido, o no explican bien las cosas. Las personas que hablan otro idioma es obvia la barrera, pero incluso a veces nuestro propio idioma es incomprensible, por nosotros mismos, ya sea por diferencia de edad, clases sociales, nivel de educación e incluso entre dos profesionales, de distinto interés. Por ejemplo: un médico, no podría hablar de temas medicinales con un ingeniero, sino solo con un colega o persona relacionada, con la salud. El no escuchar bien, es otro tipo de barrera verbal, que se produce cuando no existe atención.

Interpersonales

Es el asunto entre dos personas y tienen efecto negativo en la comunicación mutua. Estas barreras interpersonales más comunes, son las suposiciones incorrectas, las percepciones distintas y los prejuicios.

Una suposición es algo que se da por hecho. Correcta o no correcta la suposición será una barrera en la comunicación.

La percepción, es lo que uno ve y oye, es nuestro punto de vista. Ósea dos personas pueden percibir un tema con distinto significado. Cuando tomamos un punto de vista como un hecho nos cerramos a otras perspectivas.

Los prejuicios con relación a la edad, sexo, raza, o religión son también barreras interpersonales. Estos perjuicios pueden ser tomados negativamente, según como se planteen.

¿Cómo superar las barreras en la comunicación?

Si nosotros aceptamos que existen barreras, avanzamos hacia la solución para poder entablar una comunicación eficaz. Existen tres formas de superar las barreras de la comunicación:

Ambientales

- Escoger un lugar apropiado para la conversación.
- Procurar hablar en un ambiente sin distracción o interrupción.

Verbales

- Tener muy claro lo que se quiere comunicar, y expresarlo con claridad.
- Escuchar atentamente lo que otra persona dice.

Interpersonales

- No tomar en cuenta suposiciones y prejuicios.
- Estate alerta a las posibles, diferencias en la percepción.
- Sea flexible, y si no nos comprenden la idea, hay que expresarla de distintas formas, hasta su entendimiento.

Escucha activa

Escuchar es un arte que se aprende. Del tiempo que dedicamos a hablar, un 45% lo pasamos escuchando y si hablamos por teléfono el tiempo se duplica. Por lo tanto es de vital importancia saber escuchar, y escuchar es algo más que oír.

En la audición existen muchos obstáculos como hemos visto, sordera, distracción, interferencias, falta de motivación, perjuicios, egocentrismo, agresividad, sentido crítico excesivo...,etc.

La escucha es la mitad del lenguaje, si alguien no escucha, es inútil hablarle.

Para escuchar con eficacia conviene:

- Saber callarse después de haber hecho una pregunta
- Estar dispuesto a escuchar
- Tener cuidado con cualquier idea preconcebida
- Esforzarse por comprender los sentimientos expresados con las palabras.
- Recoger sin falta interpretación lo que se ha dicho.
- Prestar atención a las expresiones y comportamiento del otro.
- No hacer conclusiones del mensaje mientras no se hayan examinado todos los puntos de vista.
- Prestar atención a los silencios son reveladores, pueden estar llenos de significado: reflexión, reserva, aprobación, incertidumbre, oposición, falta de interés, cansancio.
- Cuidar el lenguaje no verbal para no trasmitir con nuestros gestos lo que comunican nuestras palabras sino que apoyen nuestro mensaje. Si yo estoy agitando las piernas o mirando el reloj es señal de que me quiero ir, no atenderé tus peticiones. Por otra parte observar el lenguaje no verbal del otro para comprobar si nos está entendiendo o sus reacciones a nuestro mensaje.
- Extraer el mensaje principal, incluso en algunas ocasiones puede ser interesante repetirlo para corroborar que lo hemos captado sin fallos, y que además nuestro interlocutor se sienta escuchado y comprendido. Esta técnica de repetición también nos puede ser útil si no sabemos la respuesta puesto que nos concede unos segundos de margen para pensar.

Señales que no nos están entendiendo

* El receptor del mensaje se queda en silencio
* Contesta a medias a nuestra pregunta
* Responde con otra pregunta
* Intenta evadirse
* Cambia de tema

Errores en la comunicación y la escucha

* No prestar toda la atención
* Cambiar de tema
* Hablar demasiado
* Dirigir la conversación únicamente hacia nuestros intereses
* No ser congruentes con nuestro lenguaje no verbal
* Interrumpir
* Dar lecciones o aconsejar si no nos lo han pedido
* Restar importancia a los sentimientos del otro
* Mandar o reprochar
* Desaprobar o descalificar
* Ironizar o reírse de nuestro interlocutor
* Cuestionar o subestimar el mensaje
* Quitar la razón sin haber escuchado todo el mensaje
* Intentar adivinar el mensaje
* No ponernos en el lugar del otro

Estilos de comunicación: la asertividad

La asertividad es un modelo de relación interpersonal que consiste en conocer los propios derechos y defenderlos, respetando a los demás; sostiene como premisa fundamental que toda persona posee derechos básicos o derechos asertivos.

Distinguimos 3 tipos de estilos de comunicación, asertivos, pasivos o agresivos. Si bien no existe una "personalidad innata" asertiva o no asertiva, la conducta asertiva se aprende por imitación y refuerzo, es decir, se compone de lo que se nos ha transmitido como modelos de comportamiento, ya sea nuestro núcleo familiar, escolar o laboral.

El estado emocional también influye en la respuesta que se pueda dar en un momento concreto. Una alta carga de estrés puede provocar una conducta excesivamente agresiva o pasiva, generando en ocasiones mayor ansiedad debido al rechazo que la propia respuesta provoca en los demás.

Estilo asertivo

Se respetan a ellos mismos y también a quienes los rodean, expresan sus ideas y actúan en el momento y lugar adecuados, con franqueza y sinceridad.

Su conducta verbal consiste en la expresión verbal directa y honesta, mensajes "Yo" en primera persona ("pienso","siento","quiero").

Invita al diálogo, hace preguntas y pide participación, tiene capacidad para discrepar y pedir aclaraciones abiertamente.

Su conducta no verbal se basa en la escucha activa hacia el interlocutor, contacto ocular directo, pero no desafiante, habla fluida y segura, gestos firmes y relajados, proximidad física y contacto corporal.

Estilo pasivo

Los individuos que se caracterizan por este estilo, inhiben su comportamiento con tal de evitar cualquier confrontación con otra persona en vez de hacerse respetar. Tienen una excesiva necesidad y preocupación por agradar a los demás y, a menudo, se sienten incomprendidos por los demás o manipulados.

Suelen estar dudosos en relación a sus intervenciones en la comunicación con otras personas, haciendo uso de frases tales como "Eh... bueno, quizás..." "mmm, tal vez...". Son personas a las que no les gusta llamar la atención y hacen lo que sea para evitarlo. No se implican en los temas y muestran conformidad ante las decisiones de los demás, anteponiendo los deseos y opiniones de los demás a los suyos propios.

Aunque la persona no muestra su opinión llevando a cabo una actitud conformista, esto es recibido por su interlocutor como una muestra de actitud de inseguridad y temor frente a la situación.

Estilo agresivo

En la utilización predominante de un estilo de comunicación agresivo es frecuente que la persona emplee una comunicación unidireccional.

Considera que tiene que defender sus derechos o intereses a cualquier precio, sin escuchar a los otros.

En ningún momento se tiene en cuenta los derechos que deben tener los demás y su lenguaje suele tener un exceso de expresiones tales como: "tienes que...", "debes de...", "no te voy a permitir que...", interrumpiendo el discurso de la otra persona y dando órdenes. Su comportamiento es de tipo egocéntrico.

Con frecuencia, pierden con facilidad el control de la situación y de sus propios recursos, al enfrentarse a relaciones interpersonales. Aunque a corto plazo este estilo puede tener resultados positivos, dado que implica sentimientos de poder, expresión de emociones y, en muchas ocasiones, la consecución de objetivos, a largo plazo posee efectos negativos al presentarse sentimientos de culpa, tensión, frustración, etc.

Esquema del mensaje asertivo

No siempre es fácil exponer tu mensaje de manera asertiva, sobre todo si crees que se están vulnerando tus derechos. El esquema que te proporciono a continuación a mí me ha servido en más de una para afrontar una conversación difícil. Te reto a que practiques el esquema del mensaje asertivo, todos nos encontramos con infinidad de situaciones que resolver cada día.

Paso 1: Escuchar activamente a nuestro interlocutor

Paso 2: Decir lo que piensa u opina objetivamente sobre lo sucedido.

Paso 3: Decir lo que desea que suceda a partir de ahora

Ejemplo: Imagina que una compañera de trabajo no ha revisado o no ha realizado una de sus tareas. Este despiste ha ocasionado un grave problema con uno de los clientes del hotel que tú has tenido que solventar.

¿Qué harías tú? ¿Cómo es tu primera respuesta? ¿Pasiva, agresiva o asertiva?

Probemos a comunicarlo con la estructura del mensaje asertivo

Paso 1: ¿Qué ha sucedido ayer durante el turno?

Paso 2: Hemos tenido un problema con el Sr Rodríguez porque su habitación no estaba correctamente revisada y este incidente, puede causarnos una mala imagen delante del cliente. Ya sabes que nuestro trabajo es procurar que todo sea excelente y para ello es fundamenta la revisión de los detalles.

Paso 3: A partir de ahora me gustaría revisaras todas las reservas de las habitaciones para que no se produzca ningún error. En caso de comprobar que la comprobación por tu parte no se ha producido, te llamaré para que puedas excusarte delante del cliente, tú misma.

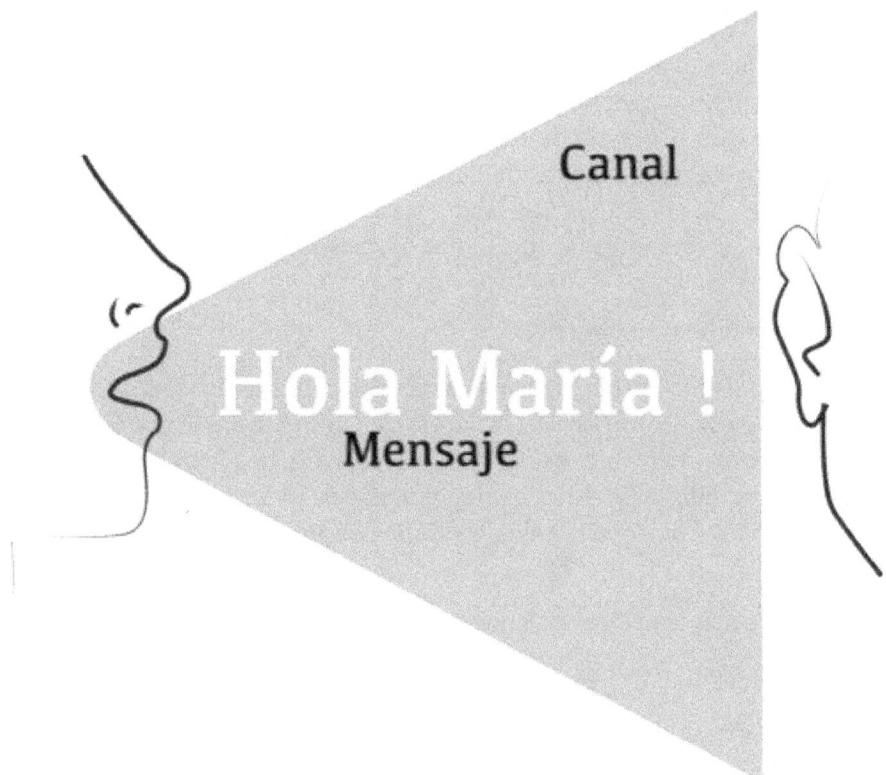

Resumen del capítulo

Pasos para una buena comunicación.

Es crucial para una buena comunicación que el mensaje este claro, para ello podemos guiarnos por una serie de preguntas, a las que nuestra intervención ha de responder.

¿Qué vamos a decir? ¿A quién se lo vamos a comunicar? ¿Objetivo que queremos conseguir? ¿Cómo está el otro? ¿Cómo es su estado de ánimo? ¿Cuál será el canal o código que utilizaremos? teléfono, email, dialogo...

Comunicación no verbal:

Pensemos ¿cómo usamos nuestras manos al explicar algo?, O mandar a alguien, ¿cómo reacciona esa persona?, si nos entendió, o es una duda, etc.

El tono de voz también es parte de la comunicación no verbal, ya que este expresa distintos sentimientos.

Para obtener una buena comunicación no verbal, sin malos entendidos, tome en cuenta lo siguiente:

- Mire a la persona con quien habla.
- Estudie sus expresiones faciales, lenguaje corporal, y gestos.
- Escuche con atención, el tono de la voz que nos transmiten.

Interferencias o barreras en la comunicación

- Ruidos externos: tenga en cuenta los aspectos fisiológicos de las personas, lo cariz semánticos del lenguaje, técnicos)
- Ruido interno sume a la ecuación las diferentes personalidades, estados de ánimo, expectativas, cultura y creencias, sueños e ilusiones, miedos e inseguridades de cada participante en la conversación.

La gestión del estrés

"La mejor forma de hacer varias cosas a la vez es hacerlas una a una"
Wolfgang Amadeus Mozart

Una definición del estrés según la OMS sería *"La reacción fisiológica que prepara el organismo para la acción; defensa, adaptación o evitar el peligro"*

Existen dos tipos de estrés; el bueno el que nos salva del peligro, e incluso nos puede llegar a motivar y el negativo que se mantiene en el tiempo aunque ya no exista peligro.

El estrés forma parte de nuestra biología y es necesario para sobrevivir pues su función es salvarnos del peligro. Ante la azarosa posibilidad de que nos encontremos un león, del que defendernos en la recepción, nuestros peligros son otros en el mundo actual.

A consecuencia de que estamos programados; para huir, luchar o escondernos estos comportamientos se manifiestan en nuestra vida cotidiana. Por ejemplo en una reunión de directivos; esta el que ataca o el que defiende o el que se mantiene en silencio pasar desapercibido o adopta una postura somnolienta para evitar el peligro.

Analicemos la anatomía del estrés

	Alarma	Acción	Relajación
Buen estrés (momento puntual)	El corazón late más rápido. Las manos y pies se enfrían Se produce un fenómeno de concentración de la sangre por si se produce una herida, perder la menor cantidad de sangre posible. Mejora nuestra capacidad de búsqueda de soluciones	Ejecutamos la decisión tomada en décimas de segundo en la fase anterior. Normalmente combatir o evadir la amenaza	Recuperación física y mental del gran desgaste que este proceso supone
Mal estrés (sostenido en el tiempo)	Los mismos síntomas anteriores pero sostenidos en el tiempo.	No se ejecutan acciones sino que nos adaptamos y resistimos	No existe una fase de relajación porque el estrés es constante; por el contrario, somatizamos el estrés con síntomas físicos y mentales

El tiempo que aguantamos una situación de estrés es de 20 minutos si transcurre más tiempo, nos vencemos y dejamos de estar estresados, lo aguantamos estando en tensión.

El 68% de la población reconoce que una de las claves de la baja calidad de vida es el (mal) estrés. Este estado nos provoca preocupación excesiva, que nos conlleva a enfermar normalmente a nivel muscular o cardiovascular. Otros efectos pasan por encontramos desmotivados, cansados e incluso agotados física, emocional o mentalmente. En muchos casos acudimos a la farmacia por vitaminas o abusamos de estimulantes como el café.

Debido a este agotamiento se produce un desequilibrio en el cuerpo, nuestro sistema inmune baja y aparecen las enfermedades típicas; catarros, gastroenteritis, etc. Es el primer aviso del estrés en el cuerpo para muchas personas.

Si este estrado de estrés se prolonga aparecen los ataques de ansiedad, en muchos casos debidos a la impotencia. La ansiedad se manifiesta físicamente en el cuerpo; con sensación de ahogo, con dolor en pecho, etc. También emocionalmente con percepciones de irrealidad, sensación de que vas a morir, etc.

En estas condiciones cualquier tarea a realizar nos supone una dificultad y tendemos a magnificarlas, disminuye nuestro rendimiento en el trabajo y nuestra satisfacción con nuestra vida personal.

Cuando estamos sometidos a estrés se altera nuestro pensamiento:

- Exageramos las situaciones del día a día.
- Magnificamos nuestra reacción.
- Tenemos una visión distorsionada de los hechos que determinan un comportamiento subjetivo y poco racional.
- Se apodera de nosotros la ansiedad, tensión, baja autoestima y el miedo al fracaso.
- Aumenta nuestra barrera o sensibilidad a la excitación emocional, es decir reaccionamos de una manera exagerada emocional (rabia, alegría, tristeza,..) antes las situaciones cotidianas.

¿Cómo afecta el estrés a mi vida profesional?

- Disminuye nuestra capacidad de gestión
- Las tareas que antes nos resultaban fáciles se convierten en complicadas o incluso imposibles.
- Normalmente quienes no están estresados tienen menos amenazas. El estrés llama a los problemas, olvidos, enfados, etc. ¡Parece que hasta la fotocopiadora lo sabe y se estropea cuando más prisa llevamos!
- La capacidad cognitiva se reduce y destruye nuestras neuronas.

En la sociedad actual, el estrés se ha convertido en algo habitual pero eso no quiere decir que sea normal y a la larga se cobra su factura. Si detectamos estos síntomas nos conviene reflexionar y preguntarnos si es posible que algo no esté funcionando. Una vez que lo detectas existen dos opciones:

Opción 1: Cambias lo que te provoca este estado. ¡Ánimo valientes lo mejor siempre está por llegar!!

Opción 2: Te acostumbras a esa vida con escasas ilusiones. Poco recomendable, pues transmite al resto de personas que se cruzan contigo. La presión puede contigo en algún momento y disminuye tu competividad como profesional, lo que hará que en cuanto haya dificultades seas de los primeros en salir.

El caso de Jaime

Jaime es una persona que se encuentra sobrestresada; no puede dormir bien desde hace un tiempo, concretamente un año, tiene dolores generalizados y ataques de angustia. << ¿Qué me pasa?>>, se pregunta <<me duele el pecho, el cuello y la espalda. Me siento mal no puedo seguir así>>. Jaime trabaja 14 horas desde que cambió al nuevo trabajo, el año pasado. Toma café y algunas bebidas por la noche para relajarse. A veces se siente bien, pero la mayor parte del tiempo es un manojo de nervios. Decide visitar al médico en busca de algún calmante que le permita dormir.

Consejos para una jornada de trabajo "francamente estresante":

- Deje sonar el despertador, levántese sobresaltado con el tiempo justo, corra y empiece el día fuera de sí.
- Camino del trabajo vaya pensando en <<lo que le espera hoy>>
- No prepare una lista con los asuntos o tareas del día
- En cualquier momento del día enfádese, hable mal de la empresa, sus compañeros...
- Cuando llegue a casa tarde e irritable, no se comunique apenas con nadie y túmbese en el sofá.
- Cene viendo la televisión y váyase a dormir. Mañana le espera otro día francamente estresante

Test Ansiedad/estrés para saber si eres Jaime

¿Te sientes identificado con la historia de Jaime? o ¿Piensas que las pautas para vivir <<un día francamente estresante>>están incorporadas a tu día a día? Todos en algún momento pasamos por épocas y momentos así. ¿Es este tu momento o comportamiento actual?

Compruébalo con este test diseñado por el David D Burns*, podrás medir tu grado de ansiedad. Señala con una (X) la casilla de la derecha de cada categoría, indicando en qué medida te ha preocupado el sentimiento correspondiente durante los últimos días.

Categoría I: Sentimientos	0 Nada	1 Algo	2 Bastante	3 Mucho
Ansiedad, nerviosismo, preocupación o miedo				
Sensación de que las cosas que le rodean son extrañas o irreales				
Se siente separado de todo o de una parte de su cuerpo				
Episodios repentinos e inesperados de angustia				
Temor o sensación de muerte inminente				
Se siente tenso, estresado, inquieto o con los nervios a flor de piel				
Resultado de la suma				

Categoría II: Pensamientos	0 Nada	1 Algo	2 Bastante	3 Mucho
Dificultades de concentración				
Pensamientos acelerados				
Fantasías o ensoñaciones terroríficas				
Sensación de estar a punto de perder el control				
Miedo a sufrir una crisis nerviosa o a volverse loco				
Miedo a desmayarse o a perder el conocimiento				
Miedo a las enfermedades físicas, a las crisis cardíacas o a la muerte				
Preocupaciones por parecer estúpido o incompetente				
Miedo a quedarse solo, aislado o a ser abandonado				
Miedo a las críticas o a la desaprobación				
Miedo a que algo terrible esté a punto de suceder				
Resultado de la suma				

Categoría III: Síntomas físicos	0 Nada	1 Algo	2 Bastante	3 Mucho
Sacudidas del corazón, aumento de la frecuencia cardíaca o palpitaciones				

Dolor, tensión u opresión torácica				
Sensación de entumecimiento u hormigueo en los dedos de las manos y de los pies				
Náuseas o molestias abdominales				
Estreñimiento o diarrea				
Inquietud o desasosiego				
Agarrotamiento y tensión muscular				
Sudoración no debida al calor				
Sensación de tener un nudo en la garganta				
Temblores o sacudidas				
Piernas temblorosas o de consistencia <<gomosa>>				
Sensación de mareo, aturdimiento o inestabilidad				
Sensación de ahogo, de asfixia o de dificultades respiratorias				
Dolores de cabeza, de nuca o de espalda				
Escalofríos o sofocaciones				
Somnolencia, sensación de debilidad o de agotamiento				
Resultado de la suma				

Clave de puntuación para el cuestionario de ansiedad de Burns

Resultado global	Nivel de ansiedad
0-4	Ansiedad mínima o ausencia de ansiedad
5-12	Ansiedad límite
11-20	Ansiedad leve
21-30	Ansiedad moderada
31-50	Ansiedad grave
51-99	Ansiedad extrema o crisis de angustia

David D. Burns, psiquiatra americano, autor del libro "Sentirse bien"

Una vez comprobado tu estado actual es el momento de tomar decisiones en función del resultado obtenido. Si el resultado es favorable continúa con tu modo de vida actual. Si por el contrario, crees que el resultado es susceptible de mejorar; a continuación te propongo una serie de técnicas que te ayudarán a bajar tu grado de estrés o ansiedad.

Es recomendable que mantengas el seguimiento de tu estado de ánimo. Por ese motivo en caso de que estés en un momento de estrés, es conveniente que repitas este test, tres veces por semana de esta manera observaras la trayectoria, si aumenta o disminuya. También te será útil para comprobar los avances que obtienes con la aplicación de las técnicas. En muchas ocasiones una referencia numérica nos ayuda a ver nuestros avances y retrocesos.

Soluciones para el caso de Jaime

Detección de prioridades y su solución a corto plazo para la planificación de objetivos de vida

"Quien piensa en fracasar, ya fracasó antes de intentar; quien piensa en ganar, lleva ya un paso adelante" Sigmund Freud

El noventa y ocho por ciento de las personas que no tienen objetivo fracasan. El ser humano necesita objetivos para vivir, metas que conseguir para seguir viviendo.

A veces nos planteamos objetivos demasiado ambiciosos o desdeñosos. En cualquier caso poco realistas que hacen que nos sintamos frustrados. Bien porque eran excesivos y no pudimos alcanzarlos, bien porque eran poco motivadores.

Metodología SMART:

Una manera de proyectarlos adecuadamente se la metodología SMART, que te ayudarán tanto para adelgazar como para dirigir una fusión empresarial. Solo has de determinar adecuadamente cada una de las siglas.

- Quiero adelgazar 10 Kg en 3 meses para sentirme bien.
- La fusión con la empresa Z ha de conseguir incrementar los beneficios de mi empresa en un 5% este año.

Una vez que están claros los objetivos has de especificar actividades, asignar recursos y duración. Un por supuesto llevar un control, supervisando y haciendo un seguimiento de cada punto para modificarlo en caso de que no funcione de la manera planificada.

Las tareas clave para adelgazar podrían ser: alimentación, deporte y motivación.

En el caso de alimentación; ¿Qué tareas existirían? Comprar solo comida saludable, cocinar 3 veces al día... en cada persona variara. ¿Qué recursos necesitaremos?

No obstante analicemos un caso aplicado a nuestro entorno profesional. Imagínate por un momento que el objetivo que nos hemos/han propuesto es conseguir un excelente en reputación en Tripadvisor.

Analicemos se cumple con la metodología **SMART**:

S: Especifico: si lo parece, podemos matizar si un 9 o un 9,5, pero en cualquier caso es un excelente.

M: Medible: por supuesto, solo hace falta que abras la aplicación y verifiques que nota has obtenido.

A: Alcanzable: suponiendo que contamos con una infraestructura adecuada y los recursos necesarios, y un plazo razonable

R: Realista u orientado al resultado: Atesorar un nueve en Tripadvisor, facilita mucho los objetivos generales de la empresa; aumento de la venta de habitaciones, permite subir el precio de las mismas,...Pero también de los trabajadores, mayor satisfacción con la empresa, posible vinculación a pago por incentivo, retención del talento,...etc.

T: Tiempo: un plazo de un año podría a ser adecuado, todo dependerá de la posición de salida; no es lo mismo remontar un 6 que un 8, y de los recursos que la empresa.

Parece que sí que es un objetivo SMART al cumplir todas las premisas descritas.

Planificación de actividades

La siguiente fase es especificar actividades, asignar recursos y establecer la duración. A continuación se muestra la planificación para el caso citado:

Actividades	Recursos	Duración
Primera: Ser especialmente amable con los huéspedes, llevarles la maleta, acompañarles al parking…	Tiempo del trabajador	1 año
Segunda: Solicitar valoración en Tripadvisor en el check-out	Tarjeta o regalito (0,30€/Pax)	Durante 6 meses
Tercera: Gestionar la reputación online: localizar y responder a todos los comentarios de los clientes a través de la red	Tiempo del trabajador	1 año

Por último hemos de controlar los resultados obtenidos, supervisando y haciendo un seguimiento de cada punto para modificarlo en caso de que no funcione de la manera planificada.

Actividad/ Items a revisar	Control/ periodicidad	Seguimiento/ modificación
Incremento de la puntuación	mensual	Conseguido aumento de 0,5 puntos
Número de valoraciones	semanal	Menos de las previstas
Comentarios contestados	semanal	Todos

Técnica de resolución de problemas

Alcanzar los que se desea, ya sea en nuestra laboral o profesional no está exento de problemas y que hemos de resolver. Una herramienta que nos podría ayudar a solventarlos podría ser la siguiente secuencia de pasos:

- Primer paso, describir el problema.
- Segundo paso, determinar los objetivos a conseguir para considerar que el problema ha desaparecido.
- Tercer paso, redefinir el problema.
- Cuarto paso, buscar soluciones.
- Quinto paso, valorar las soluciones.
- Sexto paso, seleccionar la mejor o mejores soluciones.
- Séptimo paso, elaborar planes precisos de acción.
- Octavo paso, evolución postejecución de la intensidad del problema y puesta en práctica.

Aplicación al caso Tripadvisor:

- Primer paso, los trabajadores no están motivados para implementar la medidas propuestas; extra de amabilidad, seguimiento…

- Segundo paso, considerar que el problema está resuelto cuando los trabajadores concluyan las tareas con ilusión.
- Tercer paso, conseguir que los trabajadores se ilusionen.
- Cuarto paso, las posibles soluciones aplicables a este caso podrían ser: una charla, en la que se explica la importancia para la empresa, a cargo de un experto y/o motivacional, recompensas económicas si se consiguen los objetivos y formación en ventas, persuasión o reputación online.
- Quinto paso, al valorar las soluciones, la empresa se da cuenta que no dispone de una partida para sufragar los costes de las otras dos opciones y decide postergarlas.
- Sexto paso, seleccionar la primera opción como forma de actuación inmediata.
- Séptimo paso, en el plan de acción de la empresa se decide todo: quién dará la conferencia motivacional, cuando se hará la conferencia, se hace una previsión de turnos para que el personal implicado pueda asistir, dónde se realizará....
- Octavo paso, por último se cumple con la planificación establecida y se verifica si ha contribuido a solucionar el problema.

Detección de prioridades y gestión del tiempo

Uno de los grandes problemas de este siglo es la falta de tiempo, una noción totalmente falsa. Todos tenemos 24h cada día. Por lo tanto el problema no es el tiempo sino la mala gestión del mismo.

Cómo alguien me dijo una vez "Cuando quieres hacer algo buscas soluciones y cuando no quieres buscas escusas".Si queremos conseguir nuestras metas precisamos enfocarnos.

Para sobrevivir a este fenómeno nos hacen falta herramientas:

Planificar las acciones que realizaremos como mínimo; diaria, mensual y anualmente. Traspasa tus tareas a la agenda dividiéndolas en pequeños hitos, que puedas conseguir diariamente, mensualmente y por su puesto el resultado final anual.

Tarea	Momento
Repasar los comentarios en el hotel y contestarlos.	2 veces al día a las 8:00 am y a las 16:00 pm

Delegar aquellas tareas que se puedan delegar. No todo se puede delegar, pero podemos delegar muchas más cosas de las que creemos. Fíjate en la tabla y encuentra aquellas tareas que están consumiendo tú tiempo y busca la manera de delegarlas. Es posible tengas que enseñar previamente a alguien. Sea como sea la inversión de esa hora te compensara en consumo de tiempo y energía en el futuro.

Ah y como no, si puedes delegar todas aquellas tareas que no te gustan o se te dan mal y sino aprende a ejecutarlas en un tiempo menor o de manera más eficiente.

Puedo delegar	No puedo delegar
Trabajo rutinario	Fijación de objetivos
Aspectos que exijan un conocimiento especializado	Control de resultado
Detalles	Motivar al personal
Tareas que no se te dan bien	Tareas críticas, urgentes, en las que no hay tiempo para explicaciones y control.

Evitar los ladrones de tiempo. Aquella llamada que entra cuando más concentrando estas, estar siempre disponible para cualquier aspecto sin valorar la importancia, no priorizar en las tareas que vas a abordar y no saber por cual comenzar, el desorden que no te permite encontrar lo que buscar y que encima te pone nervioso… ¿Has identificado ya los tuyos?

Externos	Internos
Llamadas telefónicas imprevistas	Falta de priorización
	Ausencia de plan de trabajo diario
	Política de puertas abiertas, estar siempre disponible
Visitas inesperadas	Excesivo perfeccionismo
	Incapacidad para decir no
	Ser desordenado

Eliminar bloqueos internos; es decir aquellos pensamientos que no nos dejan avanzar.

En nuestra cabeza se agolpan miles de pensamientos sin que seamos conscientes. Alguno nos ayudan, son positivos, sin embargo otros solo consiguen entorpecernos. Identifícalos y ponles freno. Ah claro, como si pudiera parar de pensar. Te estarás diciendo. Eso no es posible, habremos de sustituir los negativos por otros que nos ayuden a avanzar.

Mensajes negativos	Convertidos en afirmaciones
No hables	Tengo cosas importantes que decir
No puedo hacer nada	Tengo éxito cuando me lo propongo
No esperes demasiado	Haré realidad mis sueños
No soy suficientemente bueno	Soy bueno

Ahora, escoge una libreta bonita y escribe cuáles son tus caballos de batalla y que estrategias vas a diseñar para ganarles la partida.

Aprender a descargar las tensiones

Técnicas de relajación y visualización

Seguro que ya sabes que solo 10 minutos de meditación al día nos benefician inmensamente:

- **Potencian la salud mental y física:** Apenas unos pocos minutos de meditación pueden reducir los síntomas de la depresión, la ansiedad y el dolor.
- **Estimulan las zonas del cerebro asignadas a la felicidad:** Unos pocos días de meditación mejoran la concentración y la atención, lo que genera mejoras en la calidad de vida y un aumento de la felicidad.
- **Aumenta el cociente intelectual:** La meditación evita que tu cerebro envejezca, ya que cambia el volumen de áreas claves del cerebro aumentando el grosor del hipocampo, el responsable del aprendizaje y la memoria.
- **Desarrollan la inteligencia emocional y la empatía:** La meditación reduce la actividad "egoísta" del cerebro
- **Reducen la presión sanguínea:** La meditación parece calmar la actividad en el sistema nervioso simpático (conocido por estrechar los vasos sanguíneos en respuesta al estrés) y aumentar la actividad en el sistema nervioso parasimpático (conocido por promover el ensanchamiento de los vasos sanguíneos).

¿Sabes meditar?

No es fácil, no consiste en dejar de pensar, eso ya hemos visto que es imposible. El arte radica en cambiar el foco de nuestra atención. Para ello podemos remplazar nuestros pensamientos cotidianos por sensaciones como la pesadez, el calor, un mantra o frase, o bien nuestra propia respiración. Otra manera, si necesitamos permanecer más activos sería tensar o relajar nuestros músculos por secciones.

Prueba con estas dos técnicas para comprobar con cual te encuentras mejor. Comienza poco a poco, primero con un minuto, luego tres minutos y luego cinco minutos e incrementa cada día un poco más.

Relajación progresiva Jacobson	Relajación progresiva Schultz
Este método permite la relajación muscular progresiva de todo el cuerpo. Se consigue tensando y relajando sistemáticamente varios grupos de músculos y aprendiendo a discriminar las sensaciones resultantes de tensión y relajación.	El principio sobre el que se fundamenta este método consiste en producir una transformación mediante ejercicios fisiológicos como el ejercicio de pesadez, ejercicio de calor, ejercicio respiratorio o de regulación abdominal.

Buscar la sonrisa y sonreír

Estar en contacto con la naturaleza

Salvo que vivas y trabajes en un maravilloso hotel rural, habrás comprobado que las ciudades aumentan la probabilidad de estar desanimado, tener ansiedad o padecer enfermedades mentales. Ponte en situación, sales de trabajar después de un mal día, vas a coger el autobús y el conductor, te ve y pasa de largo, o vas justo de tiempo para llegar al trabajo y el metro se va delante de tus narices, estas pequeñas cosas van minando nuestra paciencia y si bien las podemos ir controlando hay momentos en los que nuestra jarra de paciencia se llena, entonces es cuando explotamos. Para recargar esa jarrita podemos hacer múltiples cosas: yo recomiendo salir al bosque y a continuación argumentare el porqué.

Pasear por la naturaleza o "un baño de bosque" como lo llaman los japoneses, no solo aporta desconexión y relax sino que también aporta beneficios físicos y mentales:

Físicos: Previene las enfermedades al disminuir la hormona del estrés. Reduce la tensión arterial y el azúcar en sangre, mejora la salud cardiovascular y metabólica, la concentración, la memoria y el umbral del dolor.

Mentales: Mayor claridad de pensamiento, efectos calmantes para el cuerpo y un mayor desarrollo del cerebro, por ejemplo se ha comprobado que aumenta la memoria.

Los efectos de un día paseando tranquilamente por la naturaleza contrarrestan los efectos negativos de una semana pero en todos los estudios el resultado, tras pasar tres días y dos noches, ha sido de hasta 30 días.

Haz de la naturaleza tú día a día contactando con entornos verdes reales o simulados.

Un minuto para mí

"Mientras más inviertes y más tiempo pasas con tus amigos, familia, y almuerzas con tus colegas en el trabajo, tus niveles de productividad permanecen altos incluso bajo stress."

ShawnAchor, psicólogo de Harvard y autor del libro La ventaja de la felicidad (2010)

Esos días en los que nos desborda el trabajo, las emociones, el clima, el transporte, las personas que están a nuestro alrededor.... Tomate un momento para ti y respira.

Por más estresado que estés esos días en los que todo va en tu contra, precisamente son en los que más necesitas hacer una pausa y dedicarte un minuto para ti. Ser consciente de esto y aplicarlo te liberara de una gran dosis de estrés y de cometer muchos errores.

Solo son necesarios 5 minutos y notarás una mejoría instantánea: respira profundamente, repite un mantra, descansa 5 minutos cada hora, saluda o se amable con un compañero o date golpecitos en la glándula timo al más puro estilo del lobo de Wall Street...Cualquiera de estas cosas conseguirá cambiar tu estado de ánimo.

Esos meses en los que asumimos cargas de trabajo, cuídate más: haz actividades que te agraden cada día, dedícate una hora a ti y aquello que amas. Descansa lo suficiente, haz una meditación o apuntas esos pensamientos que se agolpan en tu cabeza en una libreta.

Desconéctate de las pantallas, ¿sabes que pasamos una media de 12 horas semanales en Internet y 11,7 horas mirando la TV? ¿En serio, no tienes tiempo para ti?

Controla tu tiempo, elige a que quieres dedicarlo y evita que las convenciones sociales te digan como disfrutarlo. ¿Cuántos hobbies conservas? ¿Si eliminamos tomar cañas con los amigos y el cine, te queda algo? ¿Cuántas actividades que te satisfacen como pintar, montar a caballo o aprender idiomas sigues manteniendo?

Poseer un hobby no solo te hará parecer más atractivo en una conversación, cualquiera puede hablar de la última serie de Netflix, pero no todo el mundo pinta sobre cristal, práctica equitación o cursa estudios de árabe.

Comienza por hacer una lista de todas las aficiones que desearías realizar, posteriormente elige una y arregla todo tu entorno para poder comenzar. Los beneficios no tardarán en llegar: menos estrés, más organización, mejor vida social, más felicidad, en definitiva más energía.

Cuando entres en la dinámica, seguro que ambicionas más pasatiempos. Para entonces, puedes seguir el consejo que algunos gurús proponen. Determina tres tipos de hobbies; uno nuevo que nunca hayas hecho, otro que te interese mucho y por último alguno que te permita generar ingresos.

Resumen del capítulo

Decálogo de buenas prácticas para vivir sin estrés:

- Clarificar metas y valores.
- Tomarse la vida con humor.
- Realizar más despacio las tareas y saborear las actividades cotidianas.
- Aceptar las propias limitaciones y reconocer las cualidades.
- Aprender y ejercitar de forma regular alguna técnica de relajación.
- Grabar nuestros logros en la memoria.
- Estar en forma realizando ejercicio físico moderado.
- Hacer valer su derecho a tener tiempo para sí mismo.
- Decidir pensar el positivo.
- Cuidar su alimentación.

La felicidad en el trabajo

"El éxito no es la clave de la felicidad. La felicidad es la clave del éxito"
Albert Schweitzer

Todas estas cualidades, virtudes, habilidades y demás requerimientos se demuestran en la entrevista de trabajo, así que vamos a ponernos manos a la obra y a pulir ese diamante en bruto que eres. De esta manera tu lenguaje verbal y no verbal supurará por cada poro de tu cuerpo que tú eres la persona más idónea para ese puesto.

Ya desde otro prisma podemos utilizar este aprendizaje para nuestro propio beneficio, pues ¿quién no quiere ser más feliz? El trabajo forma parte de nuestra vida. Es una parcela en la que a menudo no nos resulta tan fácil estar tan contentos como con familiares y amigos. Así que antes de comenzar con el desarrollo de las habilidades permitidme unas reflexiones y estudios sobre la felicidad que nos ayudarán a comprender por qué el empresario nos quiere felices en el trabajo.

Primero de todo, la felicidad depende en gran parte de nosotros pero no solo es nuestra responsabilidad sino que garantizar el bienestar y el rendimiento también es un compromiso del empleador, si bien es nuestra obligación el preguntarnos qué podemos hacer para ser un poco más felices en trabajo. En nuestra mano está el buscar la respuesta. Lo que me resulta extrañamente llamativo es que solo el 13% de los trabajadores está comprometido con la empresa; eso significa que le es fiel, no se quiere ir de la empresa. Estos trabajadores son valiosísimos porque si además son excelentes en su trabajo, esto se traducirá en un aumento de la productividad de la empresa. ¿Pero qué ha de hacer la empresa para conseguir estos diamantes en bruto? Bueno, en primer lugar procurar su bienestar, físico y psicológico. En segundo lugar facilitarles la consecución de los objetivos propuestos, es decir, que dispongan de todas las herramientas necesarias para poder realizar su trabajo. Esto incluye unos recursos suficientes para desarrollar sus tareas. Todo esto afectará al rendimiento y dependerá de la organización y sus necesidades. Quizás para conseguirlo necesita poner un futbolín para que se relajen sus empleados, o quizá organizar un campeonato de futbolín para fomentar el trabajo en equipo, o incluso fomentar la amistad, porque, si tienes amigos en el trabajo será mucho más difícil que te vayas a otra empresa donde no sabes que te vas a encontrar.

Lo que está claro es que, como ya dijo Richard Branson: *"Si cuidas a tus empleados, ellos cuidarán a tus clientes"*.

Branson dirige un corporativo de más de 350 empresas, con un promedio de 50 mil empleados en todo el mundo. Según FORBES, Branson fluctúa como uno de los 10 hombres más ricos del Reino Unido. Esos datos son un argumento sólido para considerar una de sus frases más célebres: "Los clientes no son lo primero, lo primero son los empleados."

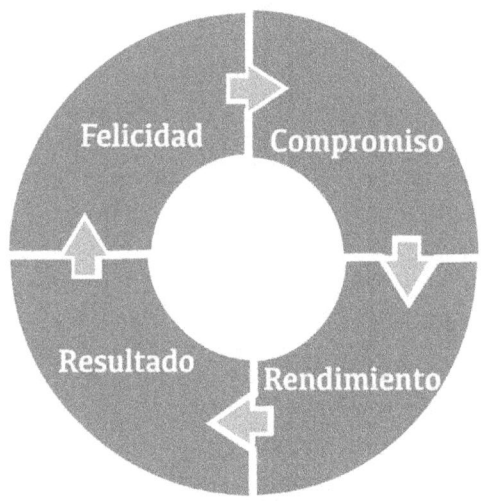

Círculo virtuoso de la felicidad en el trabajo

Existen ciertos factores que determinan nuestra felicidad, sobre algunos no podemos actuar, ya que aproximadamente el 50% vienen determinados por nuestra genética. Por el momento esto es inamovible, pero sobre el otro 50% sí que podemos tomar acción. Aproximadamente el 10% de nuestra felicidad viene determinada por nuestras circunstancias, es decir, el entorno en el que vivimos, si hace sol o no, si hay mucho tráfico, si nuestros vecinos son ruidosos, etc. Pero lo asombros es que el 40% restante depende de las actividades intencionadas que yo hago para sentirme bien, por ejemplo: el deporte, la meditación, la gratitud, hobbies o cualquier otra cosa que a mí me ayude a sentirme bien.

En conclusión: casi el 50% de mi felicidad depende de aquellas actividades que me generan placer o disfrute, logrando así un mayor estado de bienestar que se trasladará a todas las áreas de mi vida, incluido el trabajo.

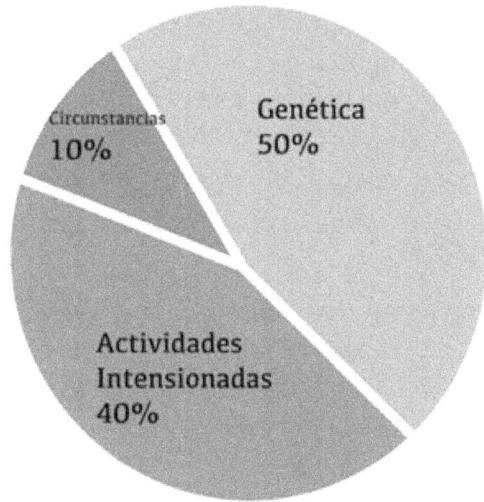

Gráfico de la felicidad

Ahora te proporcionaré tres herramientas que te ayuden en tu reflexión acerca de la búsqueda de la felicidad.

El propósito

El propósito entendido como aquello que te levanta cada mañana para ir a trabajar. Podemos clasificar a las personas en 3 tipos según su compromiso y felicidad en el trabajo. Los describiremos de menor a mayor grado de felicidad.

En primer lugar, tenemos aquellos que solo trabajan por el salario a final de mes, cuyo compromiso será bajo y su felicidad también. A esta tipología de personas para poder pedirle que haga una hora extra le tendrás que dejar muy claro cuánto le vas a pagar.

En segundo lugar, están aquellos que buscan una evolución, y que en cada situación buscan aprender ya intentando resolver el problema o bien observando cómo lo maneja su superior.

En tercer lugar, aquél que tiene un propósito, aquél es plenamente feliz. Os preguntareis ¿qué es el propósito? Pues es una razón interna que te mueve a hacer algo más allá de ti mismo. Os pondré un ejemplo de este tipo de empleado. Es aquel camarero atento, cortés, sonriente, que disfruta su trabajo y que cuando le preguntas por qué le gusta su trabajo te responde: "Porque a mí lo que más me gusta en la vida es conocer gente y poder servir a otros, y en este restaurante lo puedo hacer". Esa persona es feliz, y asimismo es la persona que queremos contratar o tener a nuestro lado porque será agradable pero también será eficaz. Su trabajo contribuye a su propósito vital, a lo que le gusta hacer y además se le da bien.

Ahora seguro que estás hecho un mar de dudas sobre cuál es tu propósito. Te daré algunas pistas en forma de preguntas para que reflexiones y anotes en una libreta.

¿Qué te gusta hacer? Piensa en todo aquello de tu trabajo actual, de tus trabajos anteriores y todo aquello que tendría el trabajo que te gustaría en tu futuro. Si estás muy perdido o aun no has empezado, pregúntale a tu mejor amigo de la secundaria qué te gustaba o se te daba bien, ahí tienes la pista.

¿Qué tiene significado para mí? Es decir, qué me aporta como persona, que cosas me siento bien haciendo, servir, ayudar a los otros, enseñar, motivar, construir, iniciar,...etc.

¿Cuáles son tus fortalezas? A veces es difícil ver las virtudes y defectos de uno mismo, te puede ayudar preguntar a un amigo o bien describirte a ti mismo como si fueras otra persona, por ejemplo un amigo o familiar tuyo.

Al finalizar este ejercicio obtendrás un resultado o diagnóstico que te ayudará a discernir en qué escenario te encuentras. Normalmente nos situamos en uno de estos dos escenarios:

- No haces nada de lo que te gusta en tu trabajo ni da significado a tu vida y además no se te da bien. En esta situación, respira, reflexiona y desarrolla un plan para cambiar a otro puesto que te produzca mayor satisfacción.
- Te gustan partes de tu trabajo y algunas de ellas aportan sentido a tu vida y desarrollas las tareas con facilidad. Estás de suerte; para ser más feliz solo tienes que hacer más de eso que te hace feliz: ayuda más, motiva a un compañero que pasa una mala racha, propón impartir un seminario u organizar una sesión de yoga en tu empresa, etc.

La gratitud

Las relaciones sociales son el primer predictor de longevidad y felicidad, medidas tanto en cantidad como en calidad. Por lo tanto es menester el cultivar las buenas relaciones en el trabajo, fundamentalmente por dos motivos: el primero es que contribuyen a nuestro éxito profesional, como puede ser una comida relajada después de una negociación. El segundo porque contribuyen a elevar nuestro nivel de felicidad ¿Realmente cuesta tanto decir un buenos días por la mañana? ¿Saludar u ofrecer ayuda a una persona que acaba de empezar? Parece que vivimos en una sociedad en que estos pequeños gestos suponen un sobreesfuerzo. Espero que no te ocurra a ti, pues no será nada bien visto por tu superior, que considerará que si no saludas a un compañero tampoco lo harás con un cliente. Pero estoy seguro que tú no eres así, tú tienes vocación de servicio. Solo lo apunto por si conoces a alguien así o en algún momento se te olvida.

Vamos a centrarnos en cultivar buenas relaciones, lo cual no es tarea baladí, es preciso tiempo, pero ya lo dice el refrán: "Si quieres ir rápido vete solo, pero si quieres ir lejos mejor que vayas acompañado".

Un truco para conseguir unas excelentes relaciones es el agradecimiento. Una definición de esta hermosa palabra sería "Saber reconocer algo positivo que ha sucedido o sucederá, independientemente del resultado", es decir, de que salga bien o no. Un ejemplo sería pedir que nos traigan unas pilas y luego que no funcionen para nuestro mando. Tradicionalmente esto se traduce en "Lo que cuenta es la intención". ¿Cuántos somos capaces de reconocer estas acciones? No te asustes, nuestra mente no está entrenada para hacer esto. Normalmente busca lo negativo para mantenernos alerta y preparados, es cuestión de supervivencia. No obstante, esto se puede cambiar, simplemente anota cada noche tres cosas positivas que te hayan sucedido cada día, verás cómo tu mente poco a poco cambia el prisma. Otra fantástica herramienta es escribir un email de agradecimiento al día durante un mes, no solo cambias el foco, buscando personas que hayan hecho algo digno de agradecer, sino que además tus relaciones sociales ser verán favorablemente influidas.

Si aún no me crees, te daré argumentos científicos. Piensa en la última vez que hiciste un regalo, de esos sentidos, de esos que fuiste a buscar, elegiste y envolviste para finalmente regalarlo a una persona querida. ¿Cómo te sentiste? Seguro que maravillosamente, tanto o incluso más que la persona a quién se lo regalaste. El motivo es que nuestro cerebro genera serotonina y dopamina durante todo ese proceso.

En nuestra profesión tendremos muchas oportunidades de tocar a alguien tan profundamente que se sienta agradecido. Muchos clientes que con nuestra ayuda han solucionado un problema, o mejorado su situación, nos agasajarán con propinas o regalos. El reto está en traspasar esos beneficios a todas las personas que están a nuestro alrededor.

Jugar siempre la mejor partida posible

En nuestra mano está el dar lo mejor de nosotros mismos en cada momento. A estas alturas todos tenemos claro que preferimos a una persona alegre que a una deprimida a nuestro lado. No siempre es fácil mantenerse positivo, y a veces incluso alguien excesivamente positivo puede ser molesto por su idealismo. Lo importante es mantenerse enfocado en tener una actitud positiva. Si bien el positivismo está condicionado en parte por la genética, el elegir una actitud positiva o negativa delante de una situación es nuestra decisión, y únicamente depende de nosotros.

Un ejemplo: delante de un problema con un cliente, tenemos dos opciones:

- **Actitud positiva:** ¿Qué puedo hacer? Busco una solución, me creo capaz de ejecutarla y canalizo mi energía para que así suceda.
- **Actitud negativa:** No puedo hacer nada, he metido la pata, no tiene solución, el cliente está enfadado, mi superior se enterará y me despedirá...etc.

Para aquello que nos entrenemos será aquello que perfeccionaremos, está en tu mano elegir en cada momento tu actitud. A medida que perpetúes tus acciones, tu cerebro automatizará sus decisiones, es biología.

Reflexionemos por un momento en un experimento: durante tres días les pidieron a un grupo de personas que jugaran al Tetris durante 8 horas, con objeto de analizar qué ocurría en su cerebro. ¿Qué crees que sucedió? Pues que durante las noches y los días posteriores cualquier objeto para ellos era susceptible de una partida, las latas de conserva en el supermercado, los rascacielos, las estanterías....Lo mismo sucederá si yo te pido que no pienses en monos; no pienses en monos, no pienses en monos.... ¿Cuántos primates has visto ya?

Afortunadamente nosotros dirigimos la nave y podemos aprender a controlar nuestra mente. Solo es necesario pensar antes de que nuestro cerebro tome el control. ¿Qué es lo mejor que puedo hacer en esta situación? Afortunadamente siempre sabemos cuál es la opción correcta.

Asique, detente y piensa: ¿Qué es lo mejor que puedo hacer en esta situación?

No me valen excusas, si crees que eres la persona más negativa del planeta, piensa: ¿Qué haría una persona positiva en esta situación? Todos conocemos alguna persona así. Una vez tengas la respuesta, solo has de actuar como ella.

Resumen del capítulo

- La felicidad esta en tu mano, pregúntate qué puedes hacer para ser más feliz cada día.
- El 40% de nuestra felicidad depende de lo que yo haga para sentirme bien: medita, agradece, haz deporte o aquello que te haga sentir bien.
- Trabaja con un fin o propósito. Averigua cuál es el tuyo si no lo sabes.
- Cultiva las relaciones para llegar más lejos y ser más feliz en el trabajo.
- Elige con inteligencia pensar positivamente, en cada situación que se te plantee.

La Programación Neurolingüística

"Solo podemos respetar a los demás cuando uno se respeta a si mismo.
Solo podemos dar cuando nos damos a nosotros mismos. Solo
podemos amar cuando nos amamos a nosotros mismos"
Abraham Maslow

En estos días en los que está tan de moda hablar del uso de las nuevas tecnologías, seguro que has oído hablar de la PNL. Tal vez te preguntes qué sentido albergan una   pseudociencia como la PNL con la informática. En 1976 Jonh Grinder, lingüista, y Richard Bandler, matemático e informático, estudiaron cómo la forma en que el lenguaje programa e influye en nuestro cerebro. Durante sus años de estudio investigaron a los tres psicólogos más famosos de la época (Virginia Satir, Fritz Perls, Milton Erickson) y observaron que técnicas y metodologías practicaban con sus pacientes. Su máxima aspiración era comprender cómo podemos programar nuestro cerebro a nuestro favor.

Siguiendo sus respectivas disciplinas encontramos que "programar" es organizar de forma eficiente los componentes de un sistema, es la parte metodológica de la técnica. "Neuro" hace referencia a los procesos mentales del cerebro que en cada persona funcionan de una determinada manera. La "lingüística" alude al lenguaje, su utilización y la influencia que ejerce en nuestro cerebro.

El modelo de la programación neurolingüística de Bandler y Grinder se basa en las tres inteligencias o formas de comunicación que utilizamos con nuestro cerebro: la auditiva, la visual y la kinestésica.

A pesar de que existen múltiples inteligencias, cada uno de nosotros sabemos cuál es la manera en la que nuestro cerebro se encuentra más receptivo. Por ejemplo, para aprender o recibir un mensaje; algunos quizá necesitan subrayar los apuntes con diferentes colores, otros, tal vez le reciten la lección al osito de peluche, o habrá quien necesite experimentar lo aprendido, simulando o realizando alguna operación.

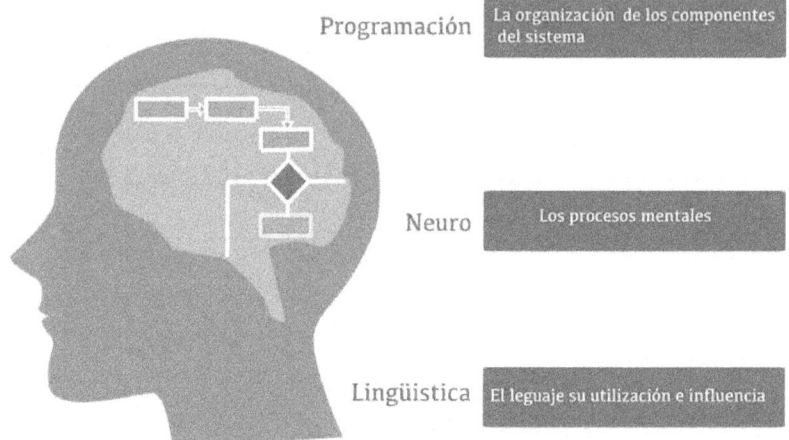

Programación — La organización de los componentes del sistema

Neuro — Los procesos mentales

Lingüística — El leguaje su utilización e influencia

Los mensajes publicitarios están diseñados para atacar los diferentes frentes también y facilitar, de esta manera, la memorización del anuncio. Tal vez a ti lo que más te impacte sea la visualización de la espléndida foto de playa, a otros les motivará el sonido de las olas rompiendo acompasadamente en la orilla, y sin embargo habrá quien experimentará la sensación de la arena cálida y mojada en los pies. El objetivo, en cualquier caso, es impactar en tu cerebro y que interceptes y recuerdes el mensaje, y atacando los tres frentes lo tienen garantizado.

Una pista: los buenos oradores o formadores también lo utilizan en sus ponencias, por ejemplo con un PowerPoint o video, su voz, y luego permitiendo interactuar con la materia a través de un ejercicio o práctica.

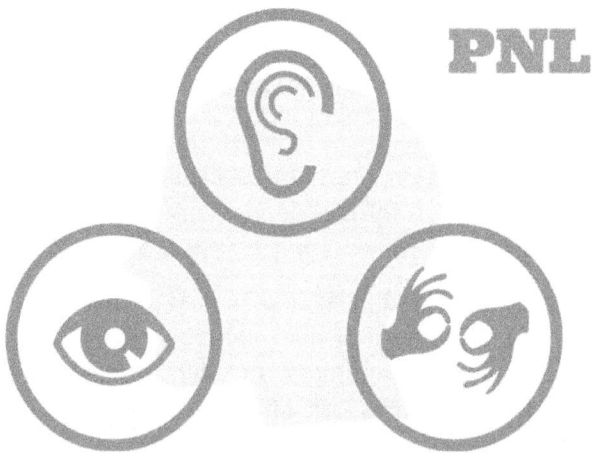

Fundamentos de la PNL

La PNL se fundamenta sobre la forma en la que nos comunicamos con nuestro cerebro. Con los estudios realizados se ha comprobado que existen unos elementos comunes para lograr una mayor eficacia en el mensaje. Curiosamente, son válidos en la comunicación interpersonal. ¿Te sorprende?

- El primero es la elegancia en el discurso, que ha de ser corto, efectivo y con las palabras justas.
- El segundo es la flexibilidad, es decir, el cambio inmediato de nuestro comportamiento y su modificación hasta conseguir nuestro objetivo.
- El tercero es la precisión en el lenguaje verbal y no verbal.

Os pondré un ejemplo de una deportista de élite que conozco, este colectivo lleva años aplicando estas técnicas. El caso en cuestión es una joven esquiadora que ha descubierto que a veces hace unas carreras geniales pero otras no tanto. ¿A qué nos suena? Bueno, ella ha descubierto en qué piensa y qué se dice antes de una gran carrera. Del mismo modo, también ha detectado lo que se dice antes de ejecutar una mala carrera.

Una vez obtenido este conocimiento, solamente tiene que aplicar la combinación ganadora a todas las carreras en las que participa. En el fondo no hace otra cosa que programar su cerebro para el éxito. Lo realmente difícil está en saber qué nos decimos. Una vez somos conscientes de ello, solo hemos de cambiarlo adaptándolo a los fundamentos de la PNL. No descubriré su secreto, pero esta esquiadora se podría decir cosas como:

- Quedarás entre las 10 primeras en esta carrera. (**V**isual)
- La pista es fácil y me siento confiada. (**A**uditivo)
- Simultáneamente dibujar con su lenguaje no verbal, incluso con su mente, el trazado de la pista como si fuera un lápiz de colores. (**K**inestésico)

Fíjate: las siglas forman la palabra VAK, más adelante hablaremos de ella.

Las presunciones de la PNL

Cada persona tiene su mapa de la realidad pero el mapa no es el territorio, es decir, que cada persona tiene su visión de la realidad en función de sus experiencias vividas, conocimientos y circunstancias. No obstante, no tienen por qué coincidir con la realidad de otra persona. De la misma manera que un mapa es solo la representación de un lugar, pero no equivale a sus paisajes, sus edificios y montañas.

En otras palabras, no es la realidad la que nos limita sino nuestros mapas sobre la misma. No encontramos una barrera física o real que nos frene sino que es nuestra percepción sobre ese hecho lo que nos frena. Recordemos la famosa frase de Henry Ford *"Tanto si crees que puedes como si crees que no puedes, tienes razón"*.

Esta me encanta: en un sistema, el sistema más flexible es el que domina el sistema. En efecto, volvemos al *"Be water, my friend"*. Cuanto mayor sea tu capacidad de adaptación y buscar nuevos caminos, más fácil será tu avance.

No existen los fracasos, sino resultados de los que aprender. En ocasiones nos ponemos una excesiva presión para que todo sea perfecto. En nuestra sociedad están muy mal considerados los fracasos, en cambio hemos de cambiar el prisma. El fracaso solo nos está mostrando que ese no es el camino para el éxito, aunque nos anuncia que estamos más cerca. Adoptemos la perspectiva de Edison, *"Ahora conozco 1000 maneras de no fabricar una bombilla"*.

Continuando con lo anterior, si lo que hacemos no funciona, hagamos algo distinto. Para que el fracaso se convierta en una lección es preciso reflexionar sobre lo que no ha funcionado e implementar una nueva solución para conseguir nuestros objetivos. O seguir el consejo de Einstein *"No podemos resolver un problema desde la misma mente que lo creó"*.

La siguiente presunción es muy eficaz a la hora de corregir al otro e incluso a nosotros mismos. No es lo mismo conducta que actitud, es decir, nuestro cerebro no interpreta de la misma forma". Estás siendo desordenado" en este momento (Conducta) que "Eres un desordenado" siempre (Identidad).

La conducta se refiere a un comportamiento en un momento determinado, por lo tanto se puede cambiar. La identidad representa una característica intrínseca de la persona, y es harto complicado de cambiar. ¿Te has fijado en que este pequeño matiz comunicativo representa un cariz muy importante para nuestro cerebro, que afrontará el cambio con una motivación muy diferente? Mi conducta la puedo cambiar más fácilmente que mi carácter.

"La curiosa paradoja es que cuando me acepto tal como soy, entonces puedo cambiar" Carl Rogers.

Las personas funcionamos de la mejor manera posible con una intención positiva y adaptativa. Todos los seres humanos nacemos con instinto de mejora, de consecución de nuestras metas y objetivos, solo que a veces nos perdemos y nos falta la ilusión o estamos errados en nuestra intención. Esta presunción nos enseña que cada persona busca lo mejor para sí misma, aunque a veces no lo entendamos o no nos resulte posible justificar. Por ejemplo, un padre que le pega un cachete a su hijo lo hace con una finalidad, enseñarle algo. A pesar de que estemos de acuerdo en que existen otras maneras mejores de enseñar disciplina. Sin embargo, quizá esta persona no las conoce o no es capaz de desarrollarlas. La enseñanza está en que detrás de cada comportamiento la persona busca un conseguir algo, que para él es positivo. En resumen, *"Todos somos buenas personas intentando ser felices"* Anónimo.

Por último, las personas tenemos disponibles todos los recursos que necesitamos en cada situación. Evidentemente, cuanto más te cultives leyendo, meditando, o practicando cualquier disciplina, de más herramientas dispondrás. No obstante, todos sabemos que respirar calma nuestra ansiedad, que cuando estamos tristes necesitamos que nos consuelen, que la alegría se contagia y que la ira nos vuelve agresivos.

No solo nacimos con un racimo de emociones que nos guían y nos ayudan a avanzar, sino también con una inteligencia para gestionarlas. Del mismo modo, nuestro intelecto es capaz de dirimir entre lo correcto y lo que no lo es, determinando qué es bueno y qué es perjudicial. El ser humano es maravilloso y está dotado de un montón de recursos para sobrevivir y crecer mejorándose a sí mismo. No existen las excusas, *"Tienes mucho más de lo que necesitas para ser feliz"* Sandra Burgos.

Caja de herramientas de la PNL

Escucha o rapport

En múltiples ocasiones se ha introducido el tema de la importancia de la escucha activa, una habilidad difícil de conseguir en nuestros días no solo por la escasez de tiempo, sino porque además creemos que escuchamos mucho más y mejor de lo que realmente lo hacemos.

Por ejemplo: Un amigo y tú habláis de organizar unas vacaciones en el Caribe.

El amigo A piensa en un resort todo incluido con playas paradisiacas y palmeras bajo las cuales tomar el sol. Mientras el amigo B está pensando en recorrer cual mochilero todas las montañas.

Como se mencionó anteriormente, cada uno tiene su mapa del territorio. Cuando hablen de las maravillosas playas ambos pensarán en lo bien que lo pasarán. Uno tumbado en la sombrilla y el otro atravesando la arena para descubrir nuevos paisajes. ¿Os ha pasado alguna vez? Más vale que se pongan de acuerdo antes de hacer la maleta, sino habrá más de una sorpresa.

Vamos con otro ejemplo: Un amigo os dice que tiene un problema con la comida de ahí que no puede dejar de picar entre horas. ¿Qué os estáis imaginando? Alguien se lo estará imaginando abriendo continuamente la nevera, otro quizá comiendo chocolate, otra persona sufriendo de ansiedad, o habrá quien piense que come para compensar su insatisfacción. ¿Cuál crees que es la situación que realmente vive nuestro amigo?

Con una escucha activa adecuada, no solo sabremos que nos está diciendo nuestro interlocutor sino que podremos conectar con él y saber cómo se siente realmente. Para ello disponemos de una herramienta muy valiosa que se llama "escucha o rapport" y nos permite acceder a la experiencia interna que está reviviendo en su mente la persona. En este proceso de escucha activa, será necesario a implicar todos nuestros sentidos para conectar con la sensación que está viviendo en su cabeza la otra persona.

Consiste en reproducir la postura de la otra persona para entender cómo se siente. Lo que dice una persona es una transcripción literal de lo que está viviendo internamente en este momento, pero es tan rápido que cuesta acceder a ello.

Puedes practicar, por ejemplo, pidiendo la participación a una persona de tu confianza o si dispones de dos ayudantes, tú podrás interpretar el rol del facilitador y observar las reacciones:

- Pídele que piense en una situación que le provoque algún tipo de dificultad, sin explicártela.
- Un intermediario o tú mismo le ayudarán a adentrarse un poco más, solicitándole que piense en lo que se dice a sí mismo en ese momento o lo que oye dentro de la escena.
- Una vez hecho este proceso, adoptará una postura que exprese plenamente cómo se siente con esa situación.

- A continuación, la otra persona adopta la postura lo más parecida posible. Escucha cómo te sientes tú o la persona que esté imitando.
- Puedes pedirle al colaborador que observe tu postura y explicarle cómo te sientes tú. Seguro que verlo desde esta perspectiva es un punto de partida para plantearse la situación.
- Es recomendable repetir el proceso modificando las posturas para conseguir más información.

Piensa en toda la utilidad que tú le puedes sacar a esta herramienta en tu día a día simulando discretamente su postura y haciendo las preguntas adecuadas. Ni te imaginas la importancia que tiene para afrontar reclamaciones o lograr una mayor satisfacción y personalización del servicio. Las posibilidades son infinitas. Conviene ser discreto y esperar unos segundos para replicar la postura, es decir, no la copies inmediatamente y procura que sea natural.

Otra de las ventajas de aplicar esta simulación de la postura es que se ha demostrado que manifestamos una mayor simpatía por una persona que comparte nuestra postura, pues nos sentimos comprendidos. Todo ello es debido curiosamente a la empatía No deberíamos sorprendernos mucho, ya sabemos que el lenguaje no verbal es más contagioso que un resfriado, sino bosteza y verás que rápido eres sutilmente copiado.

Predicados de la PNL

La persona utiliza predicados para expresar la experiencia interna que está teniendo. (YO/A MI) es el sujeto y el resto de la frase es el predicado. Por ejemplo "Hay algo que me inquieta" o "no lo veo claro". Los predicados incorporan elementos visuales, auditivos o kinestésicos de la experiencia que está viviendo/reviviendo en su mente esa persona. Los predicados irán acompañados de gestos y postura corporal, por ejemplo "Ayer compré una sandía enorme"; mientras nos demuestra el tamaño con las manos, nos demuestra que esta persona está recordando el tamaño de la sandía.

Si estamos atentos, incluso podremos percibir si su respiración o su pulso se acelera, no hace falta ser del CSI para saber que todo esto proporciona información.

En lo que respecta a esta herramienta, nos ayudará a conocer mejor a nuestro receptor. Según los expertos, manifestamos estos pequeños microgestos con los ojos mientras nos estamos comunicando con nuestro cerebro. No es tan fácil interceptarlos como parece. La mayoría de las personas utilizaran el lado izquierdo para recordar experiencias y el lado derecho para construirlas. Pero hay personas que tienen los hemisferios alterados. No obstante, en todas las personas se produce en el mismo hemisferio el suceso. En definitiva, las experiencias recordadas se sitúan en el lado contrario las construidas. Así solo has de detectar en qué lado se ubican.

El truco para identificare el lado de la cara asociado a cada fenómeno (recuerdo construido o recordado) consiste en evaluar hacia dónde mira mientras se le realizan las siguientes preguntas.

- **VC:** ¿De qué color te gustaría pintar la pared de tu habitación?
- **VR:** ¿De qué color eran los ojos de tu primera pareja?
- **AC:** ¿Cómo crees que sonaría una trompeta con agua dentro?
- **AR:** ¿Recuerdas cómo era la banda sonora de Star wars? Tararéala.
- **K:** ¿Cómo es el tacto de un gatito?
- **DI:** ¿Qué te dices a ti mismo cuando haces algo bien?

Anclajes conectando con estados internos

Esta técnica nos permitirá hacer cambios en nuestra fisiología, de modo que podamos reproducir la sensación que queremos conseguir en un momento determinado.

Para explicar el siguiente recurso es conviene hacer referencia a algunos experimentos psicológicos que todos conocemos.

En primer lugar, el mecanismo de asociación de ideas. Entendemos por una idea una imagen, un sonido, una sensación o un diálogo interno. También puede ser una combinación de imágenes con sonido. Las ideas no se autogeneran de forma espontánea, sino que surgen a través de la asociación de ideas, es decir, que unas ideas están asociadas a otras. Por escoger un símil, es como los pañuelos de un mago. Primero aparece uno y, encadenado a éste, el siguiente, y así sucesivamente. La gran pregunta que resuelve esta técnica es cómo llegar al nudo o anclaje que une cada idea.

En efecto, si recibo un cachete o reprimenda cuando me porto mal, la probabilidad de que cuando me vuelva a portar mal me acuerde del cachete es muy elevada. O en sentido inverso, el experimento de los perros de Paulov.

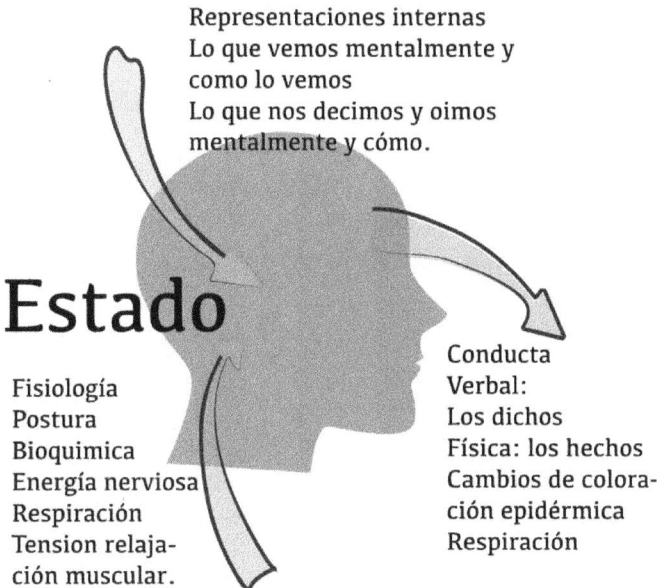

Representaciones internas
Lo que vemos mentalmente y como lo vemos
Lo que nos decimos y oimos mentalmente y cómo.

Estado

Fisiología
Postura
Bioquimica
Energía nerviosa
Respiración
Tension relaja-
ción muscular.

Conducta
Verbal:
Los dichos
Física: los hechos
Cambios de colora-
ción epidérmica
Respiración

Al realizar el experimento en repetidas ocasiones, observó que su presencia (la del propio Pavlov) causaba que el perro empezara a segregar saliva sin tener la comida presente, pues había aprendido que cuando Pavlov se presentaba en el laboratorio, iba a recibir comida. Entonces, para poder saber si estaba en lo cierto, puso un separador entre el perro y la comida, de esta manera el can no podía visualizarla. El investigador introducía el alimento por una compuerta y registraba la salivación del animal.

Más adelante, Pavlov empezó a aplicar distintos estímulos (auditivos y visuales) que entonces eran neutros, justo antes de servirle la comida al perro. Sus resultados indicaron que, tras varias aplicaciones, el animal asociaba los estímulos (ahora estímulos condicionados) con la comida.

Pavlov llamó "reflejo condicionado" a la salivación que se producía tras esta asociación.

Como os podéis, imaginar cuantas más veces el sujeto viva estas situaciones asociadas más fuerte será el nudo o anclaje entre las dos ideas. También hay que tener en cuenta que cuanto más intensas sean esas situaciones, más fuerte es el anclaje en nuestra biología.

En nuestro día a día podemos utilizar esta técnica para empoderarnos. Por ejemplo delante de una situación que nos supone un reto o para motivar a nuestros trabajadores.

El funcionamiento es sencillo, podemos aplicárnosla a nosotros mismos o con la ayuda de un facilitador que nos ayude a conectar de manera más fácil.

Procedimiento del anclaje

- Con los ojos cerrados pensar en la situación sobre la que actuar.
- Pensar en qué recurso nos falta para abordar ese reto de manera satisfactoria. Puede ser, por ejemplo, que nos falte *seguridad, energía,* etc.
- Si aplicamos esta técnica en otra persona observaremos cómo su postura cambia. Por ejemplo, si se siente inseguro se mostrara encogido y quizá inclinará su cabeza hacia el suelo.
- Una vez conectada con esa situación, el facilitador pedirá que se relaje y salga de este estado, para posteriormente entrar en el siguiente estado.
- Con los ojos cerrados de nuevo, se le pedirá a la persona que conecte con una situación en la que se haya sentido *segura, enérgica,* etc. Si prestamos atención de nuevo a su postura observaremos cómo cambia.
- Cuando comprobemos que ha alcanzado el estado deseado, procederemos a intensificarlo; le podemos preguntar qué oye, qué ve, qué siente. **VAK** recuerdas **Visual, Auditivo, Kinestésico**.
- En ese momento podemos proceder a un anclaje, así sea sujetando su codo a modo de ancla cinestésica o bien pidiéndole que haga un circulo con sus dedos (el clásico gesto de yoga conocido como "Jnanamudra").
- Es posible intensificar la sensación si le incorporamos una palabra que ponga nombre a esa sensación; ¡energía! o ¡topanga! En este caso se trata de un anclaje auditivo; para obtener un resultado óptimo es preciso repetir la palabra 3 veces en el mismo tono: ¡Energía! ¡Energía! ¡Energía! o ¡Topanga! ¡Topanga! ¡Topanga!

- Una vez realizado el anclaje podemos pedirle a la persona que vuelva a revivir la situación, pero esta vez utilizaremos los anclajes tanto kinestésico (sujeción en el codo) como auditivo (¡energía, energía, energía!). La persona vivirá el reto de otra manera, mucho más confiada, y si lo necesita podrá repetir el anclaje a modo de mantra.
- Con esta técnica, su sistema ha incorporado nueva información y ya no se enfrentará al problema antiguo con inseguridad sino de manera más confiada. Además, podrá conectar con el recurso en cualquier momento a través de los anclajes tanto kinestésico (sujeción en el codo) como auditivo (¡energía, energía, energía!).

Meditación VAK

Los beneficios de la meditación son conocidos por todos y como se mencionó en el capítulo seis, existen gran cantidad de métodos. Vinculada a la PNL te propongo esta técnica que aporta además un valor añadido.

La meditación VAK (Visual, Auditiva, Kinestésica) nos permite realizar cambios en nuestra fisiología de modo que podamos reproducir la sensación que queremos conseguir en un momento determinado.

En base a mi experiencia, esta meditación aporta un beneficio añadido: La tranquilidad y claridad que te aporta de cara a enfrentarte a una situación difícil, ya sea hablar en público, encarar una conversación difícil, conducir, aprobar un examen o cualquier otro reto al que le plantes cara.

Me consta además que profesionales como guías turísticos, narradores orales o actores la utilizan. Porque es profundamente efectiva y muy sencilla de emplear.

En tu habitación o lugar tranquilo, con música sosegada, una vela, incienso o cualquier otro elemento que te ayude a relajarte. Imagina la situación a la que te quieres enfrentar y, como si se tratará de una película, incorpórate dentro de la escena resolviendo la situación. Es muy importante para garantizar la efectividad de la técnica que incorpores no solo la parte visual, escenario, sino qué sonidos se perciben, qué sensaciones tienes... Cuantos más colores, sonidos y sensaciones consigas percibir, más eficaz será. Te sorprenderá el resultado, pues la situación se resolverá igual o incluso mejor de lo que has imaginado.

Quizá te habrás dado cuenta de que algún guía te consigue transportar a otro momento del pasado cuando realiza la explicación. En la medida en que el haya conseguido incorporar esta técnica a la historia que está contando, tanto más fácilmente tú podrás revivir la revolución industrial, la edad moderna o la prehistoria. Este es realmente el truco de los buenos profesionales de la narración: revivir la escena porque cuando tú la has vivido eres capaz de contar los detalles porque la rememoras de nuevo cada vez.

Cambiar un patrón de comportamiento

Todos tenemos tareas que nos gustan más y días que se nos hace toda cuesta arriba. Aquí te presento una pequeña ayudita. Seguro que te sucede con algunas tareas que debes hacer y que no te gustan, pero que una vez realizada te sientes estupendamente. Algunos ejemplos que se me ocurren son: fregar los platos, ir al gimnasio o hacer labores administrativas, aunque cada uno tiene su caballo de batalla.

Al grano; para aquellos momentos de bajón o tareas desagradecidas, te regalo esta técnica.

- Describe tu estrategia de desmotivación. *"Detesto fregarlo los platos"*.
- Imagina la situación en positivo. Podría ser imaginarse la pila de platos ya fregados, relucientes y colocados en su correspondiente emplazamiento.
- Dite a ti mismo algo positivo, observando la situación ya finalizada, mientras visualizas la situación ya resuelta y con una agradable sensación en tu interior. Si alguien te observa desde el exterior comprobará cómo tu fisiología cambia en este momento.
- Una vez realizado el paso anterior, has de decirte algo positivo relacionado con esa sensación agradable que te produce la percepción de observar la tarea realizada. En este caso puede ser algo como, por ejemplo, ¡A por ello!
- Repítelo 3 veces: ¡A por ello! ¡A por ello! ¡A por ello!

Si no te lo crees, realiza la prueba con alguien. Los resultados son espectaculares e inmediatos. Además, podrás usar la conexión realizada cada vez que te tengas que enfrentar a esa situación simplemente utilizando el anclaje auditivo creado. ¡A por ello! ¡A por ello! ¡A por ello!

Re-etiquetado de personas

Las reclamaciones y chantajes por parte de los clientes son muy habituales en nuestro sector, e igualmente una situación desagradable, difícil y estresante a la que nos hemos de enfrentar más habitualmente de lo que quisiéramos. Actualmente además se hace más compleja, pues hemos de adivinar si la reclamaciones cierta o si el cliente busca solamente un descuento. Del mismo modo, la personalización hace que queramos resolver el problema de la manera más efectiva posible. Para eso necesitaremos saber qué es lo que esa persona realmente quiere, incluso aunque el cliente muchas veces no manifieste sus deseos.

Esta técnica nos ayudará a empatizar con esas personas e intuir qué es lo están buscando de bueno para sí mismos. De igual forma, podemos utilizar esta herramienta para resolver conflictos con personas de nuestro entorno personal o laboral con los que existe una discrepancia en algún ámbito.

Pongámonos en situación. Imagínate que tienes una clienta que se aloja en el hotel con su madre, que constantemente se queja: que si la sopa fría, que si el agua de la piscina está caliente, y así sucesivamente. Además no responde a los descuentos, pues ya se le han ofrecido gratificaciones.

Vamos a analizar el caso a la vez que aplicamos el protocolo.

Identifícala. ¿Cómo es esa persona? Descríbela, "siempre está gritando, es muy desagradable, no se le puede decir nada". Si le ponemos un adjetivo podría ser algo como "antipática" o incluso "insoportable"

¿Qué hace que te molesta? Cierra los ojos y deja que venga a ti una situación desagradable que hayas vivido con esa persona. En ese momento seguramente una sensación desagradable vendrá a ti, aguántala.

Describe los comportamientos observables que tú puedes ver, no sus pensamientos. El siguiente paso es describir los comportamientos de esa persona. Cuidado en este paso, pues hemos de ser objetivos. Un comportamiento es "Ella grita"; podemos observarlo, es objetivo. Por el contrario, "ella grita" porque piensa que yo no le hago caso, es subjetivo, no podemos saber lo que la otra persona piensa, no somos capaces de leer el pensamiento todavía.

Otro hecho objetivo sería, por ejemplo, interrumpe cuando le hablo. Un truco para diferenciar lo que es subjetivo de lo objetivo es preguntarte: si hubiera otra persona en la sala, ¿percibiría lo mismo que tú? Si es un ejemplo de comportamiento objetivo, la respuesta ha de ser afirmativa.

¿Qué observas en su cara? En este paso, como en el anterior, si decimos "Está enfadada" es subjetivo, no podemos saberlo, quizá tiene ardor de estómago. Sin embargo, podemos observar que frunce el ceño o que hay tensión en las mandíbulas. También podemos observar que nos señala con el dedo, que no nos mira cuando le hablamos.

Piensa **qué cosa buena está buscando para sí misma** esa persona. Después de haber identificado los comportamientos, reviviremos la situación y nos preguntaremos qué está buscando esa persona para sí misma cuando actúa de esta manera. Quizá tiene miedo de que le echen la culpa de un problema, quizá se sienta culpable y hace todo esto para defenderse o quizá simplemente está intentado captar tu atención y sentirse atendida. Con este cambio de perspectiva podrás ver a la persona de otra forma y actuar en consecuencia de acuerdo con este nuevo patrón.

Pon una nueva etiqueta. Por ejemplo, ahora observamos a una persona asustada que se defiende de un modo agresivo. Si recuperamos la situación y la enfocamos desde este nuevo prisma, tenemos a una persona asustada que tiene miedo de que le echen la culpa de algo y que por ello responde de modo agresivo.

¿Cómo te sientes tú? Casi incluso tengas pena por ella. Este ejercicio cambiara la relación simplemente porque le has puesto otra etiqueta a esta persona. Y buscarás cómo satisfacer a una persona que tiene miedo de quedar mal delante de su madre y por eso busca que todo salga perfecto. Quizá algo de reconocimiento le vendrá bien, o ¿qué tal unas flores en la habitación para hacerla sentir importante? Seguro que la ponen contenta y es más barato que un 15% de descuento en la tarifa.

Resumen del capítulo

- Cada persona tiene su mapa de la realidad pero el mapa no es el territorio. No es la realidad la que nos limita sino nuestros mapas sobre la misma
- No existen los fracasos, sino resultados de los que aprender. Si lo que hacemos no funciona, hagamos algo distinto.

- No es lo mismo conducta que actitud, La conducta se refiere a un comportamiento en un momento determinado, por lo tanto se puede cambiar.
- Las personas funcionamos de la mejor manera posible con una intención positiva y adaptativa.
- Todos los seres humanos nacemos con instinto de mejora, de consecución de nuestras metas y objetivos, solo que a veces nos perdemos y nos falta la ilusión o estamos errados en nuestra intención.
- La enseñanza está en que detrás de cada comportamiento la persona busca un conseguir algo, que para él es positivo.
- Por último, las personas tenemos disponibles todos los recursos que necesitamos en cada situación.
- Nacimos con un racimo de emociones que nos guían y nos ayudan a avanzar y también con una inteligencia para gestionarlas.
- Nuestro intelecto es capaz de dirimir entre lo correcto y lo que no lo es, determinando qué es bueno y qué es perjudicial.
- El ser humano es maravilloso y está dotado de un montón de recursos para sobrevivir y crecer mejorándose a sí mismo.

Gestión del cambio

"No es la especie más fuerte la que sobrevive, ni la más inteligente,
sino la que mejor responde al cambio"
Charles Darwin

Todos nosotros vivimos en un mundo complejo y cambiante. Nos encontramos inmersos en una revolución tecnológica, que afecta directamente a la industria turística. Las empresas de hoy en día necesitan equipos capaces de adaptarse a los cambios e incluso anticiparse a ellos. Algunos de los retos a los que se enfrenta el sector turístico en estos momentos son la inteligencia artificial, el internet de las cosas, el big data, los blockchains, la sostenibilidad, la ciberseguridad, las redes sociales y los nuevos modelos de comercialización, el cross-selling, los milenials, los nuevos mercados emisores,..etc.

Para lidiar con todos estos cambios es importante desarrollar competencias que faciliten la adquisición de nuevas habilidades.

Por ejemplo: la flexibilidad mental, nos ayudará a adaptarnos a los la inteligencia artificial, como las reservas efectuadas través de los chatbots, los mayordomos automatizados en forma de apps, que te permiten reservar un taxi apretando un botón, o los altavoces inteligentes como Alexa, Siri o google que ya han empezado a probar en hoteles.

Mejorar la empatía nos permitirá entender mejor la desconfianza de un cliente a ese proceso automático.

Ser más flexible y empático ayudará a minimizar las barreras intergeneracionales y culturales, aceptando que cada generación y cultura tiene su idiosincrasia, ya sea la verborrea de los latinos, la servicialidad de los asiáticos o el practicismo de los nórdicos.

Respecto a la tecnología, conviviremos con los earlyadopters (innovadores) y los Laggards (escépticos) tanto con los clientes como con los compañeros. Habrá quienes estén encantados con el sistema Handy, un sistema de gestión inteligente del hotel para realizar el check-in y el check-out automático, que permite a su vez gestionar la comunicación entre el hotel y el cliente, ya sea para pedir un roomservice, reservar hora en el spa o recibir promociones en su móvil. Mientras tanto, seguirán existiendo quienes no son capaces de modificar el color de la luz de la entrada a la habitación a través de un sensor táctil o cambiar el color de las cortinas de la ducha con un mando a distancia.

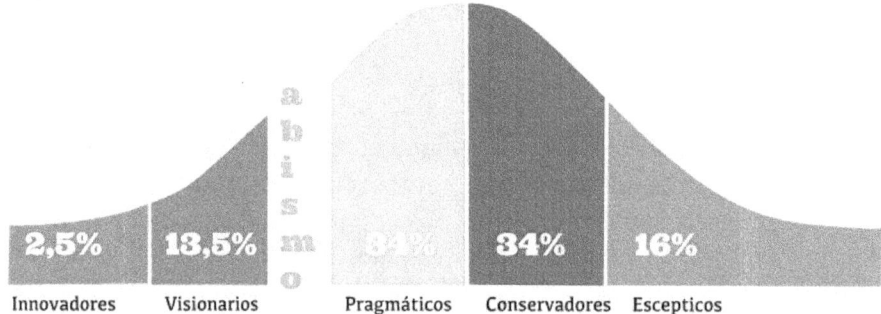

2,5%	13,5%			34%	16%
Innovadores	Visionarios		Pragmáticos	Conservadores	Escepticos

La capacidad resolutiva y las herramientas de comunicación nos facilitan la vida, con los Milenials, que ya suponen el 40% de los viajeros actuales. Las nuevas generaciones que se caracterizan por su alta conexión con la tecnología, pero cada vez están más desconectados a nivel interpersonal. Aman la personalización y odian el aburrimiento.

Del mismo modo, hemos de ajustarnos a las necesidades de los cambios demográficos y sociales. Esta transformación viene producida por el crecimiento de la actividad turística en Asia y las nuevas clases medias de los (BRICS I MIST). Sin olvidarnos del envejecimiento de la población, las nuevas formas de familias y los lonely travelers, todos ellos con gustos concretos y necesidades muy diferenciadas. Practica la escucha activa para comprender sus puntos de vista, esto te hará más flexible a ti y a tu organización.

Disponer de este abanico de habilidades facilitará el cambio de manera que será más fácil acostumbrarse. La flexibilidad, la iniciativa y el aprendizaje continuo son habilidades relacionadas con la capacidad de adaptación a los cambios. Las conductas de estos individuos que se adaptan fácilmente son:

- Renuncian con facilidad a las prácticas antiguas sin pensar en lo bueno del sistema que abandonamos y lo malo del sistema que incorporamos.

- Modifican su comportamiento para adaptarse, sin buscar excusas y aceptando las criticas
- Perciben los cambios como una oportunidad de aprendizaje
- Mantienen una elevada capacidad de comunicación, empatía, tolerancia y escucha.
- Tienen resistencia al estrés, a las presiones y a los conflictos.

Te resuenan estos conceptos, hemos hablado en el todo el libro. Ahora está en tus manos gestionar tu proceso de cambio.

Sé que no lo harás; sé que no empezarás; sé que incluso aunque lo hagas fallarás pero también sé que volverás a intentarlo. Lo que nunca has de olvidar es que "Si quieres algo buscas soluciones sino simplemente buscas escusas".

Aún no sé quién eres, ni qué harás con este libro sólo deseo que pueda ayudarte de alguna manera a ser más grande y mejor de lo que eres hoy.

Resumen del capítulo

Anticípate y adáptate mejor a los cambios cultivando las siguientes habilidades:

- Ánclate al presente y busca jugar la mejor partida posible, conservando una actitud positiva.
- Modifica tu comportamiento para adaptarte, sin buscar excusas y aceptando las criticas
- Afronta los cambios como una oportunidad de aprendizaje
- Mantén en un buen nivel tu capacidad de comunicación, empatía, tolerancia y escucha.
- Pon a raya tú al estrés y resuelve de forma asertiva los conflictos.

Si quieres conocer más sobre las tendencias del sector turístico o delas habilidades explicadas en este libro sígueme en las redes sociales.

Facebook: Camino Ramos

Linkedin: Camino Ramos

Instagram: Maleta de herramientas

Fuentes

Bach, Eva; Forés i Miravalles, Anna (2012 ie 2013): La asertividad. Para gente extraordinaria.8ª ed. en esta colección. Barcelona: Plataforma.

Beatriz Palá Calvo: Tres Pasos Para poner Límites a Tu stress.

Ben-Shahar, Tal (2008 // 2011): Happier // La búsqueda de la felicidad. Can you learn to be happy? // Porqué no serás feliz hasta que dejes de perseguir la perfección. 1ª ed. New York, London: McGraw-Hill; Alienta.

Burns, David D. (2010): Sentirse bien. Una nueva terapia contra las depresiones. 1ª ed. en esta presentación. Barcelona: Paidós (Biblioteca de David D. Burns, 1).

Covey, Stephen R. (DL 2015): Los 7 hábitos de la gente altamente efectiva. La revolución ética en la vida cotidiana y en la empresa. 1ª ed. en colección Booket, ed. rev. y act. Barcelona: Booket (Prácticos Empresa y talento, 4132).

Ferrazzi, Keith; Raz, Tahl (DL 2015): Nunca comas solo. Networking para optimizar tus relaciones personales. Barcelona: Profit (Comunicación y relaciones públicas).

Ima Sanchís: Los baños de bosque potencian el sistema inmune. En: *la vanguardia*, La contra. Disponible en línea en http://www.lavanguardia.com/lacontra/20180505/443263142282/los-banos-de-bosque-potencian-el-sistema-inmune.html.

Instituto IFIC: ¿Eres una persona resolutiva? 5 características de un buen "problem solving". Disponible en línea en https://goo.gl/3ziUP9.

Joaquín Viñas: Felicidad en el trabajo. ESIC. Disponible en línea en https://goo.gl/TmzVLw.

José Alfredo López: La adaptación al cambio, un indicador de liderazgo profesional. Disponible en línea en https://goo.gl/jP7BF1.

Mª Dolores Pitarch, Ignacio Martínez: Flexibilidad y movilidad en el sector turístico: la perspectiva de los empresarios y los trabajadores.

Martínez Morales, Ignacio (2003): Condiciones de trabajo e identidad laboral en el sector hotelero en la Comunidad Valenciana. Una aproximación a las narraciones y los discursos. Valencia: Servicio de Publicaciones de la Universitat de València.

Matías Salom: ¿Cómo ser más flexible? ¡Consejos simples que funcionan! Disponible en línea en https://goo.gl/mGwCe1.

OMT: Panorama OMT del turismo internacional, Edición 2017.

Planells Costa, Margarita; Crespi Vallbona, Montserrat (DL 2012): Servicios de información turística. Madrid: Síntesis (Hostelería y turismo).

Rafael Lopéz Peréz: Definición de proxémica o proxemia. Club del lenguaje no verbal. Disponible en línea en https://goo.gl/sTtsCf.

Raúl García López: 10 Tendencias que modelan el sector turístico en 2018. Disponible en línea en https://goo.gl/nsEuwz.

Sandra Burgos 30K: La Fórmula Del Mensaje Asertivo. Disponible en línea en https://goo.gl/1PbeVC.

Santos, Allan; Lladó, Enric; D'Ippolito, Alfredo (2012): El libro grande de la PNL. 1ª ed. Barcelona: Rigden Institut Gestalt.

Tuísi Alves Torres*, Márcio Marreiro das Chagas**, Maria Arlete Duarte de Araújo: Estudios y perspectivas en turismo. Competencias y habilidades necesarias de los gestores de hoteles de lujo y super lujo: Un Estudio de caso en el Polo Turístico Via Costeira, Natal, Brasil.

Vivi Hinojosa, Xavier Canalis (2018): Revista Hosteltur, edición verano. En: *Hosteltur*280 (Julio y agosto 2018), https://goo.gl/AGLjeX.

www.ingramcontent.com/pod-product-compliance
Lightning Source LLC
Chambersburg PA
CBHW070103210526
45170CB00012B/727